STARNBERGER FÜNF-SEEN-LAND

STARNBERGER SEE · AMMERSEE · WÖRTHSEE · PILSENSEE · WESSLINGER SEE

FLORIAN WERNER (FOTOGRAFIE)
ROBERT HAUKE (TEXT)

WWW.ALPENBLICK-SEENLAND.DE

Editorial

LIEBE LESERINNEN, LIEBE LESER,

leben, wo andere Urlaub machen – für das Starnberger Fünf-Seen-Land ist dieser Slogan keine leere Worthülse. Vielmehr trifft es genau den Kern des Lebensgefühls, das Einheimische und „Zugroaste“ empfinden, wenn sie stolz von ihrer Heimat zwischen Starnberg, Seeshaupt, Dießen und Inning sprechen. An diesem gesegneten Fleckchen Erde hat die Natur ganze Arbeit geleistet. Auf kleinster Fläche konzentrieren sich unterschiedlichste Landschaftsformen: sanfte Hügelketten, dichte Laubwälder, großzügige Wasserflächen, wild zerklüftete Täler. Die kulturgeschichtliche Entwicklung hat die Region mit einer hohen Dichte an Sehenswürdigkeiten, Klöstern, Schlössern und historischen Gebäuden jeder Couleur gesegnet und einen Menschenschlag zwischen bäuerlicher Tradition und herzlicher Weltoffenheit geprägt.

Dieses Buch ist eine persönliche Liebeserklärung an unsere Heimat, an die einzigartige Schönheit, die Besonderheiten, die Individualisten, die Künstler und die ganz normalen Menschen. Unsere Empfehlungen erheben nicht den Anspruch auf Vollständigkeit, sondern sind über die Jahre gereifte Erfahrungen, die wir mit Ihnen teilen möchten.

Wir wünschen viel Vergnügen und Inspiration mit diesem Buch sowie unvergessliche Stunden zwischen Starnberger See und Ammersee!

Florian Werner   Robert Haufe

Inhalt

Tipps

IMPRESSUM VERLAG Edition Alpenblick & Seenland GbR · Seeblickstr. 8a · 82449 Uffing FOTOGRAFIE Florian Werner* AUTOREN Robert Hauke | Norbert Misch-Kunert | André Liebe GRAFISCHE GESTALTUNG Robert Hauke | Silke Stiglmeir | Jörg Marchner LEKTORAT Bärbel Philipp | Sabine Muttenhammer REPROGRAFIE Wiesendanger|medien GmbH | Florian Werner DRUCK Wiesendanger|medien GmbH, Murnau a. Staffelsee ALLE ANGABEN OHNE GEWÄHR.

ISBN 978-3-9813813-0-2

* außer S. 47 (C. Binder), S. 151/168/173 (R. Hauke), S. 175 (Tourismusverband Starnberger Fünf-Seen-Land)

Der Starnberger See

„Badewanne der Münchner“ ist nicht gerade eine schmeichelhafte Beschreibung für einen der schönsten Seen im bayerischen Voralpenland. Die Bezeichnung mag an manchen Wochenenden im Hochsommer zutreffen, wenn die „Stoderer“ (Städter) wie die Lemminge über die Autobahn einfallen und die Strandbäder in Percha, Possenhofen oder Seeshaupt zur „Riviera bavarica“ werden. Es ist doch nicht nur das Badevergnügen vor der Traumkulisse mit Blick auf die Alpen allein, das den Reiz des Starnberger Sees ausmacht. Was den „Würmsee“, wie der See bis 1962 hieß,

so besonders macht, sind die vielen einmaligen Orte, Menschen und Naturschätze – und seine Geschichte. Da ist der Mythos König Ludwig II., der im See bei Berg seinen bis heute ungeklärten Tod fand. Da können Besucher im „kaiserlichen" Sisi-Glanz auf der Roseninsel schwelgen, staunend die architektonischen Zeugen der letzten großen Blütezeit Anfang des 20. Jahrhunderts bewundern und herrschaftliches Ambiente in Hotels, Wirtshäusern und Biergärten genießen – ebenso wie die „Großkopferten", Könige und Künstler es ihnen jahrhundertelang vorgelebt haben.

Die heimliche Hauptstadt

Die Stadt Starnberg ist mehr als der Verwaltungssitz des gleichnamigen Landkreises. Jenseits der Hauptverkehrsadern bietet der Ort interessante Einblicke in die Geschichte der Region und außerhalb reizvolle Ausflugsziele in traumhafte Natur.

Das andere Gesicht Starnbergs: die Uferpromenade mit Blick auf die bunten Bootshäuser und das legendäre Strandbad Undosa

Starnberg

Wer von Starnberg spricht, hat meist den See im Sinn. Die Stadt am Nordufer hat allerdings viel mehr zu bieten.

Starnbergs Wahrzeichen, die Kirche St. Josef und das Schloss mit seinem lauschigen Garten, krönen den Schlossberg. Die ehemalige Burg war in der Vergangenheit Ausgangspunkt für zahlreiche Sommervergnügen des

Münchner Hofs. Mit der wachsenden Bedeutung Starnbergs wandelte sich der Name des Sees von „Würmsee“ zu „Starnberger See“. Hier am Nordufer entstand auch das erste Wellenbad Deutschlands, das legendäre „Undosa“. Es war Namensgeber für das beliebte Seerestaurant, das heute mit Sandstrand und der großen Terrasse der zentrale Anziehungspunkt an der Seepromenade ist. Einmalig ist auch die Aussicht: Bei klarer Sicht schweift der Blick über die gesamte Länge des Sees entlang der grünen Ufer bis zu den mächtigen Gipfeln der Alpen.

Nördlich, in Richtung München, grenzt Starnberg an das Würmtal, ein beliebtes Ausflugsziel, aber auch geschätztes Wohngebiet für München-Pendler. Wander- und Radwege führen vom Starnberger See durch dichte Mischwälder über Leutstetten entlang der Würm bis Gauting, der ältesten Siedlung im Tal.

Oben: Blick auf das Achheimviertel mit der St.-Josef-Kirche, rechts: Abendstimmung an der Uferpromenade, die MS Starnberg und die Maximilianstraße

STREIFZUG DURCH STARNBERG

Viele Ortsfremde (und vor allem Münchner) kennen Starnberg nur von der Fahrt zum Strandbad nach Possenhofen oder aus dem Fernsehen von rauschenden Promifesten im Bayerischen Yacht-Club. Der eine oder andere mag eine Bootstour vom Hafen aus gewagt haben. Man neidet den lokalen Finanzbeamten ihren Arbeitsplatz im Starnberger Schloss oder erhascht einen flüchtigen Blick auf den Wasserpark und das architektonisch gelungene Landratsamt. Links und rechts der B 2 verstecken sich jedoch die charmanten Ecken und Winkel Starnbergs, allen voran natürlich die Uferpromenade zwischen Bahnhof und Undosa, heute eine Eventgastronomie mit eigenem Sandstrand und gefragten Mottopartys. Vor 100 Jahren ging es hier noch wesentlich beschaulicher zu, als eine Wellenmaschine im Seebecken die Münchner Sommerfrischler in Scharen anlockte – anfangs noch mit getrennten Badezeiten für Damen und Herren.

Das Undosa – aus dem Lateinischen „die Wellenreiche" – gilt als das erste Wellenbad Deutschlands. Heute ist es die Vergnügungsmeile Starnbergs.

DAS MUSEUM STARNBERGER SEE

Einen lebendigen Ausflug in die Geschichte bietet das Museum Starnberger See. Der Komplex ist in zwei Bereiche unterteilt: das „Lochmann-Haus", ein bäuerliches Anwesen, in dem die Besucher in die Welt rund um den Starnberger See während des 19. Jahrhunderts entführt werden. Im 2008 fertiggestellten „Neuen Haus" erhält man umfassende Einblicke in die Villenkultur und den beginnenden Massentourismus am See. So wird die Einführung der Dampfschifffahrt um 1851 genauso ausführlich dokumentiert wie der Boom nach dem Anschluss an das Eisenbahnnetz 1854. Einen großen Bereich nimmt das Thema „die Wittelsbacher und der Starnberger See" ein. Im ersten und zweiten Obergeschoss sind teilweise originale Stücke der königlichen Schiffe und Modelle zu bewundern.

AUF HISTORISCHEN WEGEN

Vom Museum aus ist es nur ein Katzensprung ins Achheimviertel, neben der Maximilianstraße und der Kaiser-Wilhelm-Straße eines der ursprünglichsten und das älteste Viertel Starnbergs. Zwischen Achheimstra ße und Seeufer bekommt man einen guten Eindruck, wie das Fischerdorf Starnberg Ende des 19. Jahrhunderts

ausgesehen hat, als hier gerade mal knapp über 1.000 Einwohner lebten. Heute sind es mehr als 23.000. Architektonischer wie sakraler Abschluss eines Starnbergrundgangs ist ein Besuch der St.-Josef-Kirche im Stil des Spätrokokos. Sehenswert ist der Hochaltar von Franz Ignaz Günther, einer der prägendsten Kirchenbildhauer Oberbayerns im 18. Jahrhundert. Nach dem überbordenden Schmuck im Innern der Kirche bietet sich das Flanieren im nahen Schlossgarten an. Bei guter Sicht (auf Bayerisch „Föhn") hat man von hier einen einmaligen Blick über den See bis zu den Alpen.

Der Dampfersteg in Starnberg ist das Tor für die Erlebniswelt auf und rund um den Starnberger See – mit den Schiffen der Bayerischen Seenschifffahrt.

Infos Starnberg

Bootsverleih Schropp Bootshaus Nr. 4, Seepromenade, Tel. 08151/16252
Bootsverleih Paul Dechant Hauptstr. 20, Tel. 08151/12106
Villa Rustica Leutstetten Leutstettener Moos, GPS-Koordinaten: 48°01'06.98" N/ 11°22'13.76" O, Informationen über das Kulturamt der Stadt Starnberg, Tel. 08151/772110, www.starnberg.de oder auch unter www.gfag-gauting.de

„NAH-ERHOLUNG"

Die Umgebung von Starnberg bietet vor allem eines: Natur pur. Neben der Maisinger Schlucht und dem Würmtal (siehe Tipps nächste Seiten) sind natürlich die nahen Strandbäder in Kempfenhausen und Percha zu nennen. An den Wochenenden im Sommer sollte man diese Plätze meiden, wenn die Münchner Straße zwischen Percha und Berg beidseitig zugeparkt ist. Herrlich ist da ein Abstecher unter der Woche, wenn man am späteren Abend den See für sich hat.

Bootshäuser aus der Vogelperspektive in Percha mit dem Badesteg, der Starnberger Hafen, die Seestub'n in Percha, vom See aus fotografiert

Spannende Einblicke und Perspektiven bietet eine Erkundung Starnbergs vom See aus. An der Uferpromenade zwischen Bahnhof und Undosa gibt es mehrere Bootsverleiher. Sportliche Besucher können auf Ruder- oder Tretboote zurückgreifen, komfortabler sind die Elektroboote, die in Größen für bis zu zwölf Personen angeboten werden. Für rund 20 Euro die Stunde kann man auch zu viert in See stechen und die Reize Starnbergs und seiner Umgebung entdecken.

DIE RÖMER IN LEUTSTETTEN

Am Rande eines Wäldchens südlich vom Leutstettener Ortsteil Einbettl wurden 1978 mitten auf einer landwirtschaftlich genutzten Wiese die Überreste eines römischen Gutshofs entdeckt und dokumentiert. Erst 23 Jahre später entschloss sich die Gesellschaft für Archäologie und Geschichte Oberes Würmtal e. V. zu einer sogenannten Rettungsgrabung. Was in den folgenden Jahren ans Tageslicht kam, überraschte die Historiker: Der römische Gutshof entstand wahrscheinlich um 133 n. Chr. und hatte die stattlichen Ausmaße von 25 mal acht Metern. Es wurde ein Brunnen entdeckt, in dem sich auch Töpfe, eine Schreibtafel und Tierknochen befanden. Die genaue Datierung des Anwesens wurde mittels dendrochronologischer Untersuchungen eines Eichenbalkens belegt. Heute ist die eindrucksvolle Ausgrabungsstätte durch eine große „Glasvitrine“ von allen Seiten her einsehbar.

1 BAYERISCHE SEENSCHIFFFAHRT

In Starnberg liegt der Heimathafen der Bayerischen Seenschifffahrt auf dem Starnberger See, die hier mit fünf Schiffen vertreten ist. Die Flotte reicht von der 24 Meter langen MS Berg bis zum Flaggschiff, der MS Starnberg. Mit einer Länge von 56 Metern und einer Kapazität von bis zu 800 Personen stellt die MS Starnberg eher ein „Seenkreuzfahrtschiff" als ein Ausflugsdampfer dar. Von Ostersonntag bis Ende Oktober verkehrt die Flotte regelmäßig zwischen den neun Anlegestellen am Starnberger See. Über den Linienverkehr hinaus werden auch Erlebnisfahrten mit Disco-Events, Gourmetabenden oder Brunchfahrten angeboten. Interessant sind auch die Kombitickets mit dem MVV.

2 MUSEUM STARNBERGER SEE

Auf 1.200 Quadratmetern Fläche zeigt das Regionalmuseum im historischen „Lochmann-Haus" und dem „Neuen Haus" spannende Einblicke in die Geschichte der höfischen Seenschifffahrt, Architektur sowie die ländliche Lebens- und Arbeitswelt rund um den Starnberger See.

Oben: Sonnenanbeter auf der MS Starnberg, unten der historische Vorfahre, die „Bucentaur", das Vergnügungsschiff des bayerischen Königshauses

3 DECHANT'S FISCHLADEN

Der Fischladen direkt an der Starnberger Hauptstraße ist die Institution in Sachen Fisch. Neben fangfrischen Süßwasserfischen bietet der Familienbetrieb auch erlesene Meeresfrüchte. Ein Highlight sind stets die leckeren Fischsalate in raffinierten Variationen von asiatisch bis klassisch.

4 WIENER'S: DER KAFFEE-RÖSTER

Libusche Mraz ist mit Herz und Kopf Kaffeeliebhaberin und -kennerin (s. Fotos unten). Die Röstmeisterin leitet die Kaffeehaus-Dependance in Starnberg und vermittelt mit ihrem umfangreichen Fachwissen Einblicke in die Genusswelt des „braunen Goldes". Verarbeitet werden bei Wiener's ausschließlich Arabica-Hochlandbohnen im schonenden Langzeitverfahren in klassischen Trommelröstern. Das Sortiment reicht vom äthiopischen Bio-Wildkaffee bis zum „Kenya AA". Ein Muss für jeden Kaffeeliebhaber!

5 BANTHAI

Die Prominenz liebt das unscheinbare Thai-Restaurant in Percha. So kommt es schon mal vor, dass Marianne Sägebrecht im hintersten Eck ein rotes Thai-Curry genießt oder Schauspielerin Katerina Jacob sich eine Sashimi-Platte gönnt. Neben der stets knallfrischen Thai-Küche bietet das Team von The Luc Pham das beste Sushi weit und breit.

Infos Starnberg

Bayerische Seenschifffahrt von Ostersonntag bis Ende Oktober, Infos: www.bayerische-seenschifffahrt.de

Museum Starnberger See Di.-So. 10-17 Uhr, Possenhofener Str. 5, www.museum-starnberger-see.de

Dechant's Fischladen Di.-Fr. 9-18 Uhr, Sa. 8:30-14 Uhr, Hauptstr. 20, www.dechants-fischladen.de

Banthai Mo.-Fr. 11:00-14:30 Uhr, 17:30-22:30 Uhr, Sa.-So. abends, Buchhofstr. 2, Tel. 08151/448567 www.banthaisushi.de

Wiener's Mo.-Fr. 11-18 Uhr, Sa. 10-16 Uhr, Münchner Str. 27, www.wieners.de

❶ MÜHLTAL

Zwischen Leutstetten und Gauting erstreckt sich eines der – landschaftlich wie geschichtlich – reizvollsten Flusstäler südlich von München. Die Würm bahnt sich ihren Weg im natürlichen Bett bis zur „Holzschleif", einer ehemaligen Papiermühle, wo ein Teil kanalisiert wird. Von hier bis zur Karlsburg zeigt sich der Fluss in seiner ganzen Ursprünglichkeit. Umgestürzte Bäume bilden skurrile Skulpturen. Wenn im Frühjahr die ersten giftgrünen Blätter an den Buchen sprießen, wird die Szenerie in ein fantastisches Licht getaucht. Eine Besonderheit ist der Wald westlich des Flusslaufs, der sogenannte Weiherbuchet. In dem Naturwaldreservat findet seit 1974 keine forstwirtschaftliche Nutzung mehr statt. Hier wachsen neben riesigen Buchen auch Stieleichen, Eschen und Sandbirken. Ein Ort von historischer Bedeutung ist die Karlsburg, auch Karlsberg genannt. Oberhalb von Mühltal sind heute noch die Grundmauern einer Burg zu erahnen, auf der angeblich Karl der Große um 748 geboren sein soll. Eine urkundliche Erwähnung des Burgstalls gibt es allerdings erst im 12. Jahrhundert. In jedem Fall lohnt ein Aufstieg zu diesem einmaligen Platz.

❷ BIERGARTEN/RESTAURANT

Ein Klassiker in Sachen Genuss ist im Mühltal die Schlossgaststätte Leutstetten mit seinem Bilderbuchbiergarten unter mächtigen Kastanien und den deftigen bayerischen Schmankerln. Das Restaurant bietet

Das wildromantische Mühltal erinnert mit seinem natürlichen Lauf und den dicht bewachsenen Uferbereichen an einen Urwald.

im urbayerischen Ambiente gutbürgerliche Küche. In unmittelbarer Nachbarschaft zum Wittelsbacher Schloss wird hier selbstredend auch „königlich“ ausgeschenkt: Prinzregent Luitpold aus dem Holzfass!

③ MAISINGER SCHLUCHT

Ein weiterer Höhepunkt ist der Ausflug von Starnberg in die Maisinger Schlucht. Von der Söckinger Straße zweigt links der Einstieg in die Schlucht ab (Maisinger-Schlucht-Straße). Von hier an wird es jeden Meter urwüchsiger. Ähnlich wie im Würmtal formt hier die Natur ihr eigenes Kunstwerk, weitestgehend von menschlichen Eingriffen verschont. Vorbei an Söcking und dem Übungsgelände der General-Fellgiebel-Kaserne geht es bis nach Maising entlang des Bachlaufs durch üppigen Mischwald und teilweise über offene Flächen – eine abwechslungsreiche Tour für Kinder und Naturliebhaber!

Gastro-Tipp Mühltal

Schlossgaststätte Leutstetten

Altostraße 11, Leutstetten,

Tel. 08151/8156, www.hs-gaststaetten.de

Pöcking

Pöcking lebt von Gegensätzen zwischen Bauerndörfern, Villenvierteln und dem ehemaligen Sisi-Schloss am Seeufer

Possenhofen beherbergt das wohl berühmteste Schloss am Starnberger See. Hier, auf dem elterlichen Landsitz, verbrachte Kaiserin Elisabeth von Österreich, genannt Sisi, ihre Jugend. Heute kann das beeindruckende Schloss von außen besichtigt werden. Nicht weit entfernt befindet sich im ehemaligen Park des Sisi-Schlosses das „Paradies", ein populäres Badegelände am Starnberger See. Auch die Münchner Schickeria ließ sich schon früh von der Schönheit dieses Fleckens bezaubern. Bekannte Persönlichkeiten, darunter Angelo Knorr, August Ferdinand Zenetti und Ferdinand von Miller, der die „Bavaria" in München goss, legten in Niederpöcking den Grundstein für die berühmte Villenkolonie. Das urbayerisch geprägte Dorf Maising – ein weiterer Ortsteil der Gemeinde Pöcking – ist für den Maisinger See bekannt. Im Sommer lockt er zahlreiche Wanderer und Radler ins Vogelschutzgebiet und in den idyllischen Biergarten. Im Winter ist das Gewässer ein beliebter Treffpunkt für Schlittschuhläufer und Eisstockschützen.

Oben: das Naturschutzgebiet Maisinger See, rechts: Possenhofen mit dem Yachthafen, Künstleratelier am See und das Schloss Possenhofen

1 KAISERIN ELISABETH MUSEUM

Juliane Reister ist eine echte „Grande Dame", und wohl kaum ein anderer Mensch würde besser in dieses Ambiente im historischen Bahnhof von Possenhofen passen. Die ausgewiesene „Sisi-Kennerin" macht heute noch Führungen. Im ehemaligen „Königssalon" erklärt und zeigt sie all die Pretiosen und Dokumente, durch die der Besucher einen anschaulichen Einblick in das Leben der Kaiserin erhält. Im besonderen Fokus stehen natürlich die Jahre ihrer Jugend, deren Großteil sie im Schloss Possenhofen am Starnberger See verbrachte. So wird der Ausflug in die Geschichte gleichzeitig eine Reise durch die Region, die auch in Form eines „Elisabethwegs" zu erleben ist, der 2010 nach der Wiedereröffnung des Museums eingeweiht wurde. Drei Stunden dauert der Rundweg über Pöcking, Possenhofen und Feldafing auf den Spuren der Kaiserin. Eine historisch-landschaftlich sehr reizvolle Route führt zum Schloss Possenhofen, zum Dampfersteg, zum Strandbad Feldafing, zur Roseninsel über den Lenée-Park weiter zum Golfhotel „Kaiserin Elisabeth" zurück über die wildromantische Wolfsschlucht. Der Elisabethweg ist gut ausgeschildert. Als informativer Begleiter empfiehlt sich Juliane Reisters Buch „Elisabethweg".

Juliane Reister im Kaiserin Elisabeth Museum in Possenhofen, rechts: der Steg 1, bayerische Wirtshauskultur in Maising mit Spanferkel und „Hoagart"

❷ GASTHAUS GEORG LUDWIG

Bayerische Landgasthöfe gehören inzwischen auf die Liste „bedrohter Kulturformen". Umso mehr freut es den Liebhaber krosser Krusten, kühler Biere und gelebter Geselligkeit, wenn er auf einen Platz trifft, wo einfach alles stimmt: das Ambiente, die Menschen, die Küche und der Ort. Allein der Biergarten ist schon eine Schau. Da staubt kein Kies unter den Schuhen, man sitzt wirklich im Garten, auf der Wiese, unter Kastanien. Dazu dann noch ein rescher Spanferkelbraten, ein frisches Kellerbier, und das bayerische Glücksgefühl ist perfekt. Auch die Gaststuben gehören in die Kategorie „schützenswert". Ganz bewusst wird das jahrzehntealte Interieur gehegt und gepflegt – Renovieren verboten! Hier gibt es auch noch Menschen, die sich regelmäßig zum „Hoagart" treffen (s. Foto unten rechts). Das tun sie aus Spaß an der Freud' – ebenso wie das gesamte Team unter der Leitung der Familie Schmötzl.

❸ STEG 1 „PARADIES"

Der „Steg 1" im Strandbad Paradies hat schon fast einen legendären Ruf. An den Wochenenden im Sommer wird hier jeder Platz bis aufs letzte Handtuch verteidigt. Ein echtes Kuriosum sind jedoch die sogenannten

Eisschwimmer. Jeden Morgen gegen acht Uhr treffen sich bis zu einem Dutzend hartgesottene Einheimische zum erfrischenden Bad im See, und zwar an jedem Tag im Jahr. Wenn es im Winter besonders kalt ist, wird auch mal die Eisdecke aufgeschlagen, um ins kühle Nass zu gelangen.

Infos Pöcking

Kaiserin Elisabeth Museum Possenhofen e. V.
Schlossberg 2, Tel. 08157/925932, geöffnet von Anfang Mai - Mitte Okt., Fr.-So. und feiertags 12-18 Uhr, Gruppen nach Voranmeldung ganzjährig, www.kaiserin-elisabeth-museum-ev.de

Gasthaus Georg Ludwig
Ortsstr. 16, Maising, Tel. 08151/3445, täglich geöffnet von 11-23 Uhr, Dienstag und Mittwoch Ruhetag, www.gasthaus-georg-ludwig.de

Königlich, kaiserlich!

Sie sind die berühmtesten Protagonisten des Starnberger Sees: König Ludwig II. und Kaiserin Elisabeth von Österreich

Nichts bewegt die Königstreuen und Verehrer von Kaiserin Elisabeth am Starnberger See mehr, als die innige Beziehung des Märchenkönigs zu seiner Großcousine. Aus dem regen Schriftverkehr zwischen den beiden geht hervor, wie nahe sie sich im Geiste waren. Sie genossen die gemeinsamen Abende auf der Roseninsel und teilten unter anderem die große Leidenschaft für Pferde und die Reiterei. So war „Sisi" eine begnadete Reiterin, trainierte in Wien an der Spanischen Hofreitschule und nahm an großen Fuchsjagden in England teil.

Ludwig II. liebte die Fahrten mit der königlichen Kutsche zu seinen Schlössern. Der Starnberger See war dabei immer eine Raststation wie etwa in Seeshaupt, wo er regelmäßig einkehrte, wenn er nicht über das Westufer reiste, um seine „Kaiserin" zu besuchen. Für das tragische Ende des Königs steht das „dunkle" Seeufer im Osten mit der Votivkapelle und dem Kreuz im See bei Berg, an jener Stelle, wo Ludwig II. am 13. Juni 1886 sein Ende fand – in Sichtweite der Roseninsel, die für den Romantiker stets ein Ort des Glücks war.

Die Roseninsel mit dem Casino und der bayerischen Glassäule. Unten: die Roseninsel und die Fähre, die vom Glockenrondell im Lenné-Park ablegt

So schrieb die Kaiserin an den König: „Von der kleinen Roseninsel kamen tausend süße Düfte, des Jasmines Wohlgerüche würzten hold die Abendlüfte." Für Ludwig II. war die Roseninsel, die seit 1850 im Besitz der Königsfamilie war, mit ihrer isolierten Lage eine geschätzte Zuflucht. Heute kann man die Insel von Anfang Mai bis Mitte Oktober besuchen und das Casino sowie die Ausstellung im Gärtnerhaus besichtigen. Von der Roseninsel aus ist der Ort zu sehen, an dem der Märchenkönig zu Tode kam: das Kreuz im See und die Votivkapelle, die 1896 Prinzregent Luitpold zu Ehren Ludwig II. errichten ließ. An seinem Todestag treffen sich regelmäßig die „Königstreuen" zum Gedenkgottesdienst in der Votivkapelle. Dieser Tag war für Kaiserin Elisabeth ein harter Einschnitt, den sie bis zu ihrer Ermordung 1898 in Genf nie überwunden hat. So schrieb sie: „Ludwig, Ludwig, Königsvetter! Ludwig, es ist Mitternacht, dunkel droht im West ein Wetter, doch nun strahlt der Venus Pracht. Rosen und Jasmin bekränzen Deinen dunklen Sarkophag, Blumen die in Thränen glänzen, heut an Deinem Todestag."

Infos

Roseninsel Die Roseninsel ist von Anfang Mai bis Mitte Oktober geöffnet und per Fähre ab Feldafing zu erreichen. Auf der Insel selbst werden Führungen und auch Trauungen angeboten. Infos unter Tel. 08151/16479 oder www.roseninsel.org

Schloss Possenhofen ist privat und nur von außen zu besichtigen.

Schloss Possenhofen aus der Vogelperspektive, rechts die Roseninsel mit Blick in Richtung Norden und die Votivkapelle in Berg mit der prachtvollen Kuppel

Feldafing

Am Westufer des Starnberger Sees gelegen, lockt das ehemalige kleine Fischer- und Bauerndorf mit romantischen Plätzen

Ein Muss für jeden Besucher im Starnberger Fünf-Seen-Land sind die einstigen Wirkungsstätten des bayerischen Märchenkönigs Ludwig II. und seiner Großcousine Sisi, der Kaiserin von Österreich. Die romantische Roseninsel stellt ein ganz besonderes Kleinod dar und wurde bekannt durch die geheimnisumwitterten Treffen der beiden. Der Insel Wörth, wie sie früher hieß, ist es auch zu verdanken, dass die Gemeinde Feldafing als „Perle am See" bezeichnet wird, denn der bekannte Hofgartenarchitekt Peter Josef Lenné plante die prächtige Parkanlage und den Inselgarten. Das berühmte Rosenrondell verlieh der Insel schließlich ihren Namen. Wie zu Zeiten des Märchenkönigs finden auch heutzutage auf der Roseninsel Serenadenabende statt. Wer nicht genug bekommt von der königlichen Vergangenheit, wandelt im Hotel „Kaiserin Elisabeth" weiter auf den Spuren der österreichischen Kaiserin. Der Feldafinger Golfplatz am Seeufer, einer der schönsten in Europa, zieht Sportler wie Wanderer an. Vom Kaiserin-Elisabeth-Weg schweift der Blick über den See bis zu den Alpen.

Blick auf die Roseninsel. Rechts: Der Lenné-Park, unten die prächtige Villa Waldberta und der Hafen aus der Vogelperspektive

LUSTWANDELN IM LENNE-PARK

Peter Joseph Lenné (1789-1866) war einer der bedeutendsten Landschaftsarchitekten des deutschen Klassizismus. Im Stil der englischen Landschaftsgärten gestaltete Lenné bedeutende Parkanlagen in Preußen und war maßgeblich an der Gestaltung Berlins mit seinen vielen Parks und Gärten beteiligt. Nach dem Kauf der Roseninsel engagierte König Maximilian II. den Gartenbaumeister zur Ausgestaltung der „Wörth", die erst durch das zu dieser Zeit entstandene Rosarium ihren heutigen Namen bekam. Nach den Plänen von Lenné entstand von 1853 bis 1863 schließlich der Lenné-Park in Feldafing, für dessen Realisierung der spätere Königlich Bayerische Hofgärtendirektor Carl von Effner zuständig war. Das Resultat ist einer der reizvollsten Landschaftsgärten in ganz Bayern. Die im „gemischten Stil" gehaltene Parkanlage stellt ein gelungenes Beispiel für die gefühlvolle Inszenierung von Natur dar. Heute ist das Lustwandeln zwischen den jahrhundertealten Eichen ein wahres Vergnügen und macht den Lenné-Park zur zweiten Insel Feldafings – eine Insel der Ruhe am Ufer des Starnberger Sees. Ein Teil des Parks gehört seit den 1920er-Jahren zum Golfplatz in Feldafing.

PRACHTVOLLE ARCHITEKTUR

Mit der verkehrstechnischen Erschließung des Westufers durch den Bau der Eisenbahn Mitte des 19. Jahrhunderts erfuhr Feldafing einen wahren Bauboom. In den Folgejahren entstand die sogenannte Villenkolonie an der neu gebauten Straße zwischen dem Bahnhof und dem Dorfkern am See. Als Paradebeispiel für die damalige Bauweise steht die Villa Waldberta, die Anfang des 20. Jahrhunderts gebaut wurde. Das Haus hat eine bewegte Geschichte: Die verschiedenen Besitzer, darunter Verleger und Kunstmäzene aus aller Herren Länder, machten den Platz zur Begegnungsstätte der internationalen Prominenz. Ende der 1960er-Jahr kam die Villa in den Besitz der Stadt München. 1982 wurde sie ein Künstlerhaus zur Förderung des internationalen Kulturaustauschs, in dem Stipendiaten umsonst wohnen und arbeiten können. Ein weiteres Highlight ist das Schloss Garatshausen (Foto links). Das im 16. Jahrhundert erbaute Ensemble gehört der Familie von Thurn und Taxis und beherbergt heute das Kreisaltenheim, über das Teile der Anlage wie die Kapelle auch frei zugänglich sind.

DER KALVARIENBERG

Der Feldafinger Kalvarienberg gehört zu den beeindruckendsten Gedenkstätten im Starnberger Fünf-Seen-Land. Das Ensemble aus vierzehn gusseisernen Kreuzwegstationen ist wie eine offene Kirche, ein Platz der Ruhe und Besinnung inmitten der Natur. Schon das Abschreiten der Stationen mit den kurzen Pausen, um die farbigen Kalksteinreliefs zu betrachten, hat etwas Meditatives. Gezeigt werden die Visionen der Ordensschwester Anna Katherina Emmerick (1774-1824), die 2004 von Johannes Paul II. selig gesprochen wurde. Die einzelnen Szenen wurden nach dem Buch Clemens Brentanos „Das Leben der Heiligen Jungfrau Maria" gestaltet. Dieser wiederum kannte die Nonne und verarbeitete die Stigmatisation (das Auftreten der Wundmale Jesu Christi bei einem Menschen) Emmericks in seinem Werk. Angelegt wurde der Kalvarienberg vom Feldafinger Pfarrer und Dekan Dr. Eduard Maria Clos (1827-1893) zwischen 1864 und 1892. Die Finanzierung erfolgte durch lokale Größen wie den Reichsrat Joseph Anton von Maffei, Kommerzienrat Max Kustermann, den Fürsten von Thurn und Taxis sowie Kaiserin Elisabeth. Nach umfangreichen Restaurierungsarbeiten erstrahlt das Gesamtwerk im neuen Glanz. Der Kalvarienberg liegt oberhalb von Feldafing rechter Hand der Straße nach Wieling, von der die Kalvarienbergstraße abzweigt.

1 STRANDBAD FELDAFING

Beim Anblick der Holzumkleidekabinen denkt man unweigerlich an die alten Filme, in denen keusche Nymphen in Ganzkörperbadeanzügen schüchtern ins Wasser gleiten. Im Strandbad Feldafing liegt genau dieses Flair von Nostalgie in der Luft. Das liegt an der abgeschirmten Lage und eben der Architektur. Überhaupt nicht steif ist die Stimmung zwischen spielenden Kindern, Beachvolleyballern und einer netten Gaststube, die mit guter Küche zum Verweilen einlädt. Wer nur entspannen will, kann dies auf einer der drei Sonnenterrassen oder der großen Liegewiese tun.

Infos Feldafing

Strandbad Feldafing
Seebad und Restaurant,
ganzjährig geöffnet, Tel. 08157/8200,
www.strandbad-feldafing.de

Forsthaus am See
Am See 1, Tel. 08157/9301-0
www.forsthaus-am-see.de

Golfhotel Kaiserin Elisabeth
Tutzinger Str. 2, Tel. 08157/93090.
www.kaiserin-elisabeth.de

Das Strandbad Feldafing. Rechts: das Forsthaus am See und das Golfhotel Kaiserin Elisabeth

❸ FORSTHAUS AM SEE

Das Anwesen wurde vom ehemaligen Besitzer der Roseninsel im 19. Jahrhundert, der Familie Kugelmüller, errichtet. Heute strahlen Hotel und Restaurant nach Um- und Anbauten im modernen Glanz an einem der Traumplätze des Starnberger Sees. Die urigen Stuben im Parterre (Foto oben) oder die Seeterrasse bieten die Logenplätze in Sachen Genuss – auch kulinarisch. So wie das Grundstück am Wasser eben auch seinen Preis hat, gehört die Karte nicht unbedingt in die Kategorie „günstig“, dafür aber „preiswert“. Kredenzt werden köstliche Fischspezialitäten mit mediterraner Leichtigkeit und Finesse, ausgesuchte regionale Produkte wie Wild und Fleisch – stets überraschend und handwerklich perfekt zubereitet. Die Hotelzimmer sind dezent in Naturholz und Leinen gehalten. Die meisten sind ebenfalls Logenplätze –mit Blick auf den See.

❹ KAISERIN ELISABETH

Das „Golfhotel Kaiserin Elisabeth“ ist eine feste Institution am Westufer des Starnberger Sees. Das Haus ist eines des letzten inhabergeführten Grandhotels alter Schule und vereint auf charmante Art den über die Jahre gewachsenen Plüsch mit zeitgenössischem Luxus. Im Restaurant oder auf der traumhaften überdachten Terrasse servieren livrierte Ober die Klassiker aus der Küche, sodass man sich fast ein wenig wie im Badrutt's Palace in St. Moritz fühlt: grundsolide Haute Cuisine, erstklassig zubereitet – in Zeiten von Molekular- und Avantgarde-Küche ein wahrer Lichtblick für Genießer in der Tradition eines Auguste Escoffier. Dazu der herrschaftliche Blick auf die Baumriesen im Hotelpark, und sofort stellt sich ein Gefühl wie aus „kaiserlichen Zeiten“ an diesem geschichtsträchtigen Platz ein.

Beste Aussichten

Von der Brahmspromenade, der Ilkahöhe und dem Kustermannpark bietet Tutzing mit die schönsten Panoramablicke auf den See und die Berge.

Blick von der Tutzinger Brahmspromenade auf die Bucht, den Starnberger See und das Zugspitzmassiv

Tutzing

Logenplatz mit Alpenblick: In Tutzing zaubert der Sonnenaufgang Tag für Tag ein ganz besonderes Naturschauspiel

Bis ins 19. Jahrhundert war Tutzing ein Fischerdorf. Erst mit der Eisenbahnanbindung 1865 – heute ein ICE-Halt – entwickelte sich der Ort zum Ausflugs- und Urlaubsziel. Tutzing vereint mit seiner zentralen Lage zwischen München und den Alpen die besten Möglichkeiten zu geruhsamer Erholung und Naturgenuss. Alle fünf Jahre (erneut 2011) feiert Tutzing die prunkvolle Fischerhochzeit und erinnert damit, ebenso wie mit dem in jedem Jahr stattfindenden traditionellen Fischerstechen, an seine Vergangenheit als Fischerdorf.

Für sportlich Ambitionierte bietet der Nordic-Walking-Park mit seinen reizvollen Wegen das größte zusammenhängende Streckennetz Deutschlands. Sechs der 23 Routen zwischen Starnberger See und Ammersee führen durch Tutzing oder seine Ortsteile. Freunde des Flanierens freuen sich über die zahlreichen Wander- und Spazierwege im Ort. Das gilt speziell für die mit 17 Hektar weitläufigen Seeuferanlagen. Nirgends kann man am Starnberger See so lange und so herrlich spazieren gehen wie in Tutzing.

Weg auf dem Johannishügel. Rechts: Blick von der Mariensäule auf die St.-Joseph-Kirche. Unten: Blick von der Ilkahöhe und die Löwen am Midgardhaus

PATRONA
BAVARIAE
1712 DAS MARIEN
BILDNIS VON
U. SAB. VON GÖZEN
GRUN GESTIFTET

Königliche Aussicht nicht nur für königliche Löwen: Der Blick vom Ufer beim Midgardhaus gehört zu den Logenplätzen am Starnberger See.

INSPIRIERENDER BODEN

„Tutzing ist weit schöner, als wir uns neulich vorstellen konnten [...] Für gewöhnlich ist der See blau, doch schöner, tiefblauer als der Himmel, dazu die Kette schneebedeckter Berge – man sieht sich nicht satt ..." So schwärmte Johannes Brahms 1873 während seines Aufenthalts in Tutzing, wo er seine Streichquartette in C- und A-Moll vollendete. Im Musikpavillon des in Tutzing ansässigen Kammersänger-Ehepaars Therese und Heinrich Vogl (s. Foto Titel und S. 37) fand sogar eine Uraufführung von Brahms Liedern und Gesängen op. 59 statt. Der Ausblick von diesem Pavillon hatte nicht nur Brahms begeistert, auch Richard Wagner – dem berühmten Sängerehepaar Vogl eng verbunden – war hier oft zur Gast. Auch die weltberühmte Pianistin Elly Ney stammt aus Tutzing und rief 1958 erstmals die „Tutzinger Musiktage" ins Leben. Zu Brahms 100. Todestag wurden dann im Oktober 1997 erstmals die „Tutzinger Brahmstage" veranstaltet. Das jährlich im Herbst stattfindende Festival genießt inzwischen einen überregionalen Ruf.

DIE KIRCHE ST. JOSEPH

Mit der verkehrstechnischen Anbindung Tutzings wuchs Ende des 19. Jahrhunderts die Bevölkerung rapide an, sodass die alte Pfarrkirche St. Peter und Paul nicht mehr genügend Platz bot. Die Entscheidung über den Neubau einer Kirche wurde schon in den 1880er-Jahren getroffen. Die feierliche Weihe des markanten Kirchenbaus mit den zwei Türmen fand erst 1929 statt. Die Pfarrkirche

Altar der Pfarrkirche St. Joseph. Rechts: Fenster in der Franziskuskapelle. Unten: Brahms-Denkmal und die Statue Papst Clemens I. beim Dampfersteg

St. Joseph im neubarocken Stil gehört zu den letzten Barockimitationen in Bayern. Das Altarbild (s. links) ist eine Kopie nach G. B. Tiepolos „Anbetung der Könige“ von 1753. Künstlerisch interessant ist die Gestaltung der Franziskuskapelle zwischen der Kirche und dem Pfarrheim. Hier hat der Maler und Grafiker Walter Habdank (1930-2001) aus Berg in einem Fenster des Gebetsraums die Schöpfung dargestellt.

TUTZINGS ÄLTESTES HAUS

Beim Rundgang durch Tutzing kommen Besucher am sogenannten Vetterlhaus nicht vorbei. Das gilt seit 2010 umso mehr, als hier der Tutzinger Förderverein für Tourismus seine Heimat gefunden hat. Das Holzhaus ist das älteste Gebäude in Tutzing, stammt aus dem 17. Jahrhundert und zeigt exemplarisch die damals gängige Bauweise mit einem gemauerten Erdgeschoss und dem Obergeschoss in Holzbauweise. Der Name geht auf die Familie Vetterl zurück, die das Haus Anfang des 20. Jahrhunderts bewohnte.

DIE BENEDIKTINERINNEN

Seit 1904 prägt das Kloster der Missions-Benediktinerinnen von Tutzing das Ortsbild wie die soziale Landschaft. Über Jahrzehnte engagiert sich die größte Gemeinschaft des Ordens in Deutschland in der Krankenpflege, Bildung und Seelsorge. Die Trägerschaft des Krankenhauses und der Realschule wurde vor Kurzem abgegeben, doch die heute

rund 70 Schwestern sind nach wie vor präsent und aktiv in der Krankenpflege. Die weltweit aktive Kongregation bietet heute Interessierten neben dem „Kloster auf Zeit“ im Gästehaus „Maria Hilf“ die Möglichkeit, Urlaub in der prachtvollen Sommervilla zu machen.

Evangelische Akademie

BEWEGTE GESCHICHTE

Kaum ein Kanzler und ein Präsident, der in den letzten Jahren hier nicht Gewichtiges von sich gegeben hat. Und immer wieder prägt das hier Gesagte und Gedachte die ganze Republik. Die Evangelische Akademie Tutzing ist einer jener wenigen Orte, an denen sich Politik und Kultur mit einem historischen Ambiente und einer traumhaften Lage so wunderbar vereinen, dass keiner der Mächtigen eine Einladung nach Tutzing ausschlagen mag.

Daran hat der Edelmann Maximilian von Götzengrien nicht gedacht, als er Mitte des 16. Jahrhunderts das alte Schloss wieder aufbauen ließ, nachdem das ursprüngliche Gemäuer während des Dreißigjährigen Krieges stark gelitten hatte. Dem Edelmann gelang aber nicht viel mehr als ein „schwerfällig“ wirkender Bau mit einer Einrichtung, die Zeitgenossen wenig euphorisch als „trübselig und traurig“ bezeichneten. Gut, dass einige Zeit später die ersten Mecklenburger in Tutzing auftauchten: Graf Friedrich von Vieregg hatte – anders als der Edelmann – mehr Sinn fürs Schöne und ließ an das Schloss zwei Seitenflügel anbauen, sodass der noch heute charakteristische hufeisenförmige Bau entstanden ist. Ferner entstanden ein repräsentativer Musiksaal, und der Park wurde – der damaligen Zeit entsprechend – in einen englischen Landschaftsgarten umgestaltet.

Die Schlossherren wechselten in der Folge ziemlich rege, ehe im Jahr 1921 der Kunstsammler Marcel von Nemes das Anwesen erwarb. Das meiste, was heute in Schloss und Park Kunstliebhaber erfreut, fand in der Nemes-Ära hier seinen Platz. Nach dem Tod Nemes 1930 gehörte das Schloss der Familie Hackelsberger, aber nur so lange, bis der katholische Zentrumspolitiker Alois Hackelsberger von der Gestapo verhaftet wurde. Nun waren die Familie Kaselowsky und der Backpulverfabrikant Oetker am Zuge, die das Anwesen aber ab 1947 der Inneren Mission als Erholungsheim für Kriegsheimkehrer überließen. Weitere zwei Jahre später kaufte der damalige Landesbischof Hans Meiser das Anwesen für die Evangelisch-Lutherische Kirche in Bayern als Arbeits- und Bildungsstätte.

MEHR ALS EIN „POLITISCHER CLUB"

Beim Blick auf das Jahresprogramm könnte man fast den Eindruck gewinnen, als sei diese Akademie ein ganz

gewöhnlicher Ort der politischen wie gesellschaftlichen Fort- und Weiterbildung. Und in der Tat kann hier jedermann bei rund 90 Tagungen pro Jahr seinen eigenen Horizont erweitern. Das Themenspektrum reicht von Pädagogik über Theologie, Medizin, Wirtschaft und Ökologie bin zu naturwissenschaftlichen und sozialen Fragen. Zum „primus inter pares" wird die Tutzinger Akademie aber durch vier Besonderheiten, von denen der Politische Club auf die längste Tradition zurückblicken kann. Dieses Diskussionsforum besteht seit 1954 und gilt seither als ein Seismograph für die politische Debatte. Immer wieder gelang es, nachhaltige Ansätze für das politische Denken und Handeln zu geben. Ähnliche Impulse gehen auch von Neujahrsempfängen aus, in deren Mittelpunkt stets der Vortrag einer bedeutenden Persönlichkeit aus Politik, Kirche oder Gesellschaft steht, die Denkansätze formulieren, die über den Tag hinausreichen. Dazu kommen noch zwei bedeutende Preise, die die Akademie verleiht: Mit dem Marie-Luise-Kaschnitz-Preis werden seit 1984 vorzugsweise junge Schriftsteller ausgezeichnet. Der Toleranzpreis ehrt Persönlichkeiten wie Roman Herzog, Prinz Karim Aga Khan oder Wolfgang Schäuble, die mit ihrem Wirken dem politischen, kulturellen und religiösen Fundamentalismus entgegengewirkt und ein internationales Klima für Vertrauen geschaffen haben.

Infos zur Akademie

Das Jahresprogramm steht im Internet (www.ev-akademie-tutzing.de) zur Verfügung und kann angefordert werden.

Ferien im Schloss Im Juli und August kann man in der Akademie auch seine Ferien verbringen. Im Schloss sowie im Gästehaus stehen 34 Einzel- und 30 Doppelzimmer zur Verfügung.

1 ILKAHÖHE

Tutzings spektakulärster Aussichtspunkt ist ohne Zweifel die Ilkahöhe. Der Blick schweift über die St.-Nikolaus-Kirche und den Starnberger See in Richtung Bayerische Alpen vom Chiemgau bis ins Werdenfelser Land. Das Forsthaus in seiner heutigen Form besteht seit Ende des 19. Jahrhunderts, als es nach dem Brand des alten Gebäudes neu gebaut wurde. Seit den 1950er-Jahren ist die Ilkahöhe eines der beliebtesten Ausflugslokale am Starnberger See. Ob auf der Veranda, vom Balkon oder aus dem Biergarten: der Ausblick ist zu jeder Tageszeit wie großes Kino. Die Küche bietet lokale Gerichte, Wild aus heimischer Jagd und attraktive Menüs.

2 WIRTSCHAFT ZUM HÄRING

Tutzings Logenplatz direkt am See ist zweifelsohne das Midgardhaus und die Wirtschaft zum Häring. Der Begriff „Loge“ trifft hier umso mehr zu, als sich im noblen Ambiente der Seevilla seit Jahrzehnten die Prominenz die Klinke in die Hand gibt. So liest sich auch die Gästeliste wie das „Who's who“ der Klatschspalten – von

Blick von der Ilkahöhe. Unten: die Veranda des Forsthaus Ilkahöhe. Rechts: das Midgardhaus, Promigalerie im „Häring's“ und das Museumsschiff Tutzing

A wie dem Frontmann von Jethro Tull, Ian Anderson, über die Mitglieder der bayerischen Königsfamilie bis zu Phil Collins, Fürstin Gloria von Thurn und Taxis bis zu Martin Zeil. Durchaus anzuerkennen ist die konstant hohe Qualität der Küche, die auf drei Erfolgsrezepten beruht: Qualität, Qualität und Qualität. So freuen sich Gourmets tagaus, tagein über See- und Meeresfische, selten gewordene Schmankerl wie die Kalbsnieren, die erstklassigen Pastagerichte und natürlich die fast schon legendären Topfenstrudelvariationen. Zum Feiern gibt's dann auch mal iranischen Kaviar zum Gläschen Champagner auf der Terrasse. Bodenständiger, aber nicht minder kulinarisch ansprechend sind Schmankerl wie der Steckerlfisch im Biergarten nebenan.

3 DEIXLFURTER SEEN

Zwischen Tutzing und Obertraubing erreicht man die idyllisch gelegenen Seen direkt über das Gut Deixlfurt oder von Tutzing aus. Die insgesamt sechs Gewässer sind bei Anglern wie Wanderern beliebt. Im Sommer gelten die Seen ein beliebter Insiderplatz zum Baden.

4 MUSEUMSSCHIFF TUTZING

Der Ausflugsdampfer aus den 1930er-Jahren wurde 1995 außer Betrieb genommen und 1998 vom Museumsschiff-Verein Tutzing für einen Euro erstanden. Der Verein baute einen Steg und renovierte das Schiff liebevoll, bis es 2001 seinen „Dienst" als Veranstaltungsbühne mit Bistro wieder aufnahm. In den Sommermonaten finden hier Jazzkonzerte und Kabarettveranstaltungen statt.

Infos Tutzing

Forsthaus Ilkahöhe
Tel. 08158/8242, geöffnet Mi.-So. ab 12 Uhr, www.restaurant-ilkahoehe.de

Wirtschaft zum Häring
Midgardstr. 3-5, Tel. 08158/1216, Di.-So. 10-23 Uhr
www.haering-wirtschaft.de

Deixlfurter Seen
Zu erreichen über B 2/Gut Deixlfurt oder Waldparkplatz Kustermannstraße Richtung Obertraubing

Museumsschiff Tutzing e. V.
Geöffnet von Mai bis Oktober, Di.-So. 11-22 Uhr, Tel. 08158/1087, www.museumsschiff-tutzing.de

Bootshäuser bei Feldafing, bei Berg, in Tutzing, bei Garatshausen, in Tutzing, bei der Hans-Albers-Villa in Garatshausen und in der Tutzinger Bucht

Bootshaus an der Starnberger Uferpromenade. Unten: prachtvolle „Bootsvilla" zwischen Starnberg und Tutzing in der Nähe von Pöcking

Bernried

Erholen, Entspannen, Erleben – das malerische Paradies am Westufer des Starnberger Sees bietet unzählige Möglichkeiten.

Ein Spaziergang durch Bernried offenbart den besonderen Charme dieses idyllischen Ortes, der 2007 zu einem der schönsten Dörfer Deutschlands gekürt wurde: Durch die imposante Lindenallee, vorbei an den vielen liebevoll restaurierten Bauernhäusern und den beiden Kirchen, führt der Weg zum ehemaligen Schloss Bernried. Es wird heute von den Missionsbenediktinerinnen als Kloster genutzt. Riesige Platanen im Innenhof spenden an sonnigen Tagen kühlen Schatten. Entlang dem Seeufer geht es weiter durch den Bernrieder Park mit seinen alten Eichen und Buchen. Kleine Badebuchten verführen im Sommer zu einem Bad und präsentieren einen wunderschönen Blick auf das Südende des Starnberger Sees. Natur pur finden Besucher aber auch bei einem Ausflug in das „Bernrieder Filz", dem ältesten Moorschutzgebiet Bayerns. Kunstfreunde kommen im Buchheim Museum auf ihre Kosten. Das renommierte Museum am See beherbergt die berühmte Expressionistensammlung Lothar-Günther Buchheims sowie eine Sammlung von Volkskunst aus aller Welt.

Oben: die Lichterprozession am 15. August, rechts: das Benediktinnerinnenkloster, unten: das Museumsschiff „Phantasie" und das Buchheim Museum

PHANTASIE

DAS KLOSTER BERNRIED

Die Verbindung zwischen Bernried und Tutzing bilden die Missions-Benediktinerinnen, denen seit 1949 auch das Kloster Bernried gehört, das vom Orden heute als Bildungsstätte genutzt wird. Die Geschichte des Augustiner-Chorherren-Klosters geht bis auf das Gründungsjahr 1121 zurück. In der ersten Hälfte des 18. Jahrhunderts erlebte das Kloster eine Blütezeit, als dort unter der Ägide von Propst Mansuetus Resch ein reges wissenschaftliches und kulturelles Leben herrschte. Nach der Säkularisierung 1803 prägten die wechselnden adeligen Besitzer das Bild der Anlage, zum Teil mit Neubauten wie dem Südflügel, der zu einem Schloss

Luftaufnahme von Bernried mit der Klosteranlage. Rechts: Bauernhaus aus dem Jahr 1685. Unten: Fischerstechen und Blick auf den Karpfenwinkel

umfunktioniert wurde. Wie in Feldafing, so sind auch hier in Bernried die Spuren des königlich bayerischen Oberhofgärtners Carl von Effner zu bewundern: Der Wilhelmina-Busch-Woods-Stiftungspark ist nach dem klassisch-englischen Muster angelegt. Wilhelmina Busch-Woods (1884-1952) hatte Anfang des 20. Jahrhunderts dank ihres Vaters, seines Zeichens amerikanischer Großbrauereibesitzer, das nötige Kleingeld, um sich in Bernried einzukaufen. Ihr gehörten neben dem Hofgut Bernried auch das Gut Höhenried sowie Gut Adelsried, wo heute eine Reitanlage beheimatet ist.

Neben dem Kloster und den Gütern bietet Bernried vor allem eines: den historischen Ortskern, der zu einem der schönsten und am besten erhaltenen in Oberbayern gehört. Hier reihen sich denkmalgeschützte Bauernhöfe wie in einem Freilichtmuseum aneinander und geben so ein anschauliches Bild von den Fischer- und Bauerndörfern am Starnberger See, wie sie in vergangenen Jahrhunderten ausgesehen haben.

DAS BUCHHEIM MUSEUM

Das vom bekannten Architekten Günter Behnisch entworfene, einem Schiffskörper nachempfundene Museum im Höhenrieder Park gehört zu den Hauptattraktionen im Starnberger Fünf-Seen-Land. Sein beharrlicher Initiator, der multi-kreative Lothar-Günther Buchheim, realisierte mit dem Museum einen Ort, an dem er die „die Museumsbesucher wieder aktiv sehen lehren, ihnen Seherlebnisse verschaffen“ wollte, „darauf solle es mir mehr ankommen, als auf Belehrung“.

Zu sehen sind dort die Werke aus Buchheims legendärer Expressionistensammlung und den volkskundlichen „Nebensammlungen“ mit Exponaten aus aller Welt, die so einen spannenden Dialog der Inspirationsquellen des Expressionismus aus Afrika und der Südsee eingehen. Aktuelle Ausstellungen, Workshops und Sonderschauen aus Buchheims Lebenswerk machen das 2001 eröffnete Museum mit dem Laden und Restaurant zur lebendigen kulturellen Begegnungsstätte (Infos und Adresse s. Seite 174).

Südseeflair

Im Süden des Starnberger Fünf-Seen-Lands erstreckt sich das Naturschutzgebiet Osterseen – ein Paradies für Pflanzen, Vögel und Menschen, das zu „Bayerns schönsten Geotopen“ zählt.

Die Osterseen – das sind 24 kleine Seen, jeder für sich ein kleines Paradies. Die Farbnuancen entstehen durch die unterschiedlichen Sedimentschichten.

Seeshaupt

Eingerahmt von Starnberger See und den idyllischen Osterseen, liegt Seeshaupt genau zwischen München und den Alpen

Der 1.270 Jahre alte Erholungsort ist eingebettet zwischen dem Ufer des Starnberger Sees und dem Naturschutzgebiet Osterseen mit Garten-, Ur-, Gröben-, Lust- und Stechsee. Die teils verlandeten und vermoorten Seen wurden erst vor Kurzem zu einem der bedeutendsten Geotope Deutschlands gekürt und faszinieren ihre Besucher mit einem mitreißenden Farbenspiel von Azurblau bis Türkisgrün. Es heißt, sie seien die Tränen des Starnberger Sees, vergossen angesichts des unvergleichlichen Panoramas am Horizont: die majestätischen Kalkalpen mit dem Herzogstand und dem Wettersteingebirge samt Zugspitze. Eine Aussicht, die seit jeher Künstler und Naturfreunde anlockt. Von der früheren Sommerfrische hat sich Seeshaupt zum Naherholungsgebiet für die Landeshauptstadt gewandelt. Besucher schätzen die weiten Badestrände mit dem sandigen, weit in den See hinaus reichenden flachen Untergrund. Veranstaltungen wie der Künstlermarkt, das Open Air am See oder das Fischerstechen sind kulturelle Highlights für Heimische und Gäste.

Seeshaupt aus der Vogelperspektive. Rechts: Blick auf die Kirche St. Michael, unten: Blick gen Norden, Bade- und Segelvergnügen auf dem See

ZWISCHEN DEN SEEN

Für viele Münchner und Gäste ist Seeshaupt der Einstieg ins Starnberger Fünf-Seen-Land, wenn sie, von der Autobahn kommend, die Ausfahrt Richtung St. Heinrich nehmen und erstmals den Blick auf den See haben. An lauen Sommerabenden, vor allem sonntags, treffen sich Romantiker rund um St. Heinrich zum wohl kitschigsten Sonnenuntergang weit und breit. Was auf dem Foto schon oft übertrieben wirkt, wird durch die Realität noch übertroffen, wenn einem der See wie ein Spiegel zu Füßen liegt und am Horizont die glutrote Sonne für Gänsehaut sorgt. Wenn der strapazierte Begriff „magischer Plätze" zutreffen könnte, dann hier. Weitere Traumplätze bieten vor allem

Der Badesteg des Lido in Seeshaupt. Rechts: die Fischerrosl in St. Heinrich, das „kleine Seehaus" mit Steg in St. Heinrich

die Osterseen, die sich mit 24 Einzelseen über eine Fläche von gut 225 Hektar im Süden von Seeshaupt erstrecken. Unterbrochen sind die in verschiedensten Farbnuancen schimmernden Seen durch Mischwälder und Moorlandschaften. Die vor allem aus der Luft gut zu sehenden, zwischen Türkis, Braun und Königsblau changierenden Farben rühren von den unterschiedlichen Sedimentschichten her.

FRAGILE SCHÄTZE DER NATUR

Das Naturschutzgebiet Osterseen ist mit seinen teilweise sehr seltenen Pflanzen und Tieren für Botaniker wie Biologen eine wahres Eldorado. Das insgesamt rund 1.000 Hektar große Naturschutzgebiet ist mit seiner Artenvielfalt europaweit von Bedeutung. Hier wachsen extrem seltene Wasserpflanzen und Gräser. Im Frühling explodieren die Feuchtwiesen förmlich in einer bunten Blütenpracht, wenn gelbe Trollblumen, der lilafarbene Frühlings-Enzian und zahlreiche Orchideenarten ihre ganze Pracht zeigen. Dazu gesellen sich verschiedene, ebenfalls bedrohte Frosch-, Unken- und Krötenarten, die wiederum das reichhaltige Angebot an Insekten zu schätzen wissen, darunter bedrohte Libellenarten wie die Sibirische Winterlibelle. Für Ornithologen sind die Osterseen neben dem Ammersee-Südufer das wichtigste Vogelschutzgebiet der Region. In den Wäldern und Moorgebieten kann man mit etwas Glück dem quietschend-krätzenden Gesang des Drosselrohrsängers lauschen. Die kleine Erinnerung, die gekennzeichneten Wege nicht zu verlassen, sollte man stets im Kopf haben, da es an den Osterseen auch Kreuzottern gibt, die zur Familie der Vipern gehören und deren Biss giftig ist …

1 OSTERSEEN

Die Osterseen sind ein äußerst fragiles Naturschutzgebiet, das nur über die gekennzeichneten Wege betreten werden darf. Baden ist ausschließlich an den gekennzeichneten Plätzen erlaubt. Diese befinden sich am Ostufer des Großen Ostersees. An der Penzberger Straße zwischen Seeshaupt und Iffeldorf befinden sich bei Staltach zwei Parkplätze, von denen man bequem zum See gelangt. Zwei weitere Badeplätze liegen am Süd- und Ostufer des Fohnsees bei Iffeldorf, darunter auch ein FKK-Strand.

2 BIERGARTEN LIDL

Seit 450 Jahren ist die Fischerfamilie Lidl mit dem Ort verwurzelt, und seit mehreren Generation lieben die Gäste den heimeligen Biergarten direkt am Seeufer. Aus dem See auf den Teller – frischer kann man die Renken nicht genießen. Ob in Butter gebraten, geräuchert oder in der Semmel, mit dem hausgemachten Kartoffelsalat schmeckt das einfach nur gut. Mittwochs, freitags und samstags wird der Grill für die Steckerlfische angeheizt – für viele die besten ihrer Art am ganzen See. Bei schlechtem Wetter und im Winter findet der Betrieb im Würmseestüberl statt, bärig warm mit dem Wamslerofen und saugemütlich.

Die Osterseen, Renke beim Lidl und Saibling in Mandelbutter beim Café am See. Rechts unten: die Schlossgaststätte Hohenberg und der Buchscharner Seewirt.

③ CAFÉ AM SEE

Smutje – so nennt man den Koch auf einem Schiff. Wirt Uwe Krause ist ein Smutje, wie er im Buche steht: ausladender Schnauzbart und an der Küste aufgewachsen. Der „Hamburger in Bayern" hat vor knapp 20 Jahren den Hering gegen die Renke eingetauscht und betreibt seitdem das Café am See, mit viel Herzblut und ehrlicher, grundsolider Küche.

④ SCHLOSSGASTSTÄTTE HOHENBERG

Eingebettet zwischen grünen Hügeln und dichten Mischwäldern versteckt sich das Anwesen zwischen Seeshaupt und Arnried. Das Ehepaar Stoll serviert in den gemütlichen Stuben und dem Biergarten bayerische Schmankerl mit Produkten aus der Region.

⑤ BUCHSCHARNER SEEWIRT

Zwischen Ambach und St. Heinrich liegt das traditionelle Tiroler Haus, das 1988 von einer Münchner Brauerei in der Wildschönau abgebaut und am Starnberger See wiedererrichtet wurde. Seitdem gehört der „Seewirt" in Buchscharn zu den beliebtesten Adressen am See. Mit bayerisch-moderner Küche verwöhnt Karl Spielmann an 365 Tagen im Jahr seine Gäste.

Infos Seeshaupt

Biergarten Lidl & Würmseestüberl
Seepromenade 10, Tel. 08801/2689, www.biergarten-lidl.de, Sommer: tägl. ab 11 (Biergarten), Herbst & Winter (ab 1. Okt.): Mi.-So. ab 12 Uhr

Restaurant Café am See
Hauptstr. 29, Tel. 08801/714, www.seeterrasse-seeshaupt.de, tägl. von 11-22 Uhr

Schlossgaststätte Hohenberg
Hohenberg 3 (zwischen Seeshaupt und Eberfing), Tel. 08801/626, www.schlossgaststaette-hohenberg.com, April-Okt. Di.-So. geöffnet, Nov.-März Mi.-So. geöffnet, jeweils ab 11:30 Uhr

Buchscharner Seewirt
Buchscharn 1 (Münsing), Tel. 08801/2409, tägl. ab 11 Uhr www.buchscharner-seewirt.com

Der Laufsteg schlechthin für die schönsten Sonnenuntergänge der Region: der Buchscharner Steg bei St. Heinrich

Stege am Starnberger See in Buchscharn, am Kleinen Seehaus in Percha, am Lido in Seeshaupt, am Paradies, in Bernried, am Undosa, in Percha und Starnberg

Der Weg auf den Steg

Ein Holzsteg – gerade wenn er an einem See liegt – kann viele Aufgaben übernehmen. So dient er den Fahrgästen der Bayerischen Seenschifffahrt, um bequem und trockenen Fußes aufs Festland bzw. das Schiff zu kommen. Im Sommer lässt es sich auf dem einen oder anderen Steg vortrefflich entspannen, während im kühlen Nass das Biertragl wartet. Die Buben imponieren mit waghalsigen Sprüngen von Stempen und Geländern, und so manches Liebespaar erlebte auf den „Brettern, die das Glück bedeuten" schon einen unvergesslichen Sonnenuntergang. Mancher Steg wird sogar legendär, wie jener im Paradies, der „Steg 1" genannt wird, und an dem sich an jedem Tag im Jahr ein paar unerschrockene Schwimmer treffen; selbst bei dichtem Schneetreiben oder geschlossener Eisdecke.

BETRETEN VERBOTEN!

Die Stege von Starnberg bis Seeshaupt sind das Salz in der „Seesuppe", sie ermöglichen erst neue Perspektiven, eröffnen auch jenen, die kein Boot haben, fantastische Ausblicke auf die bayerischen Alpengipfel. Sie zu betreten ist in Bayern sogar ein Grundrecht: In Artikel 141 der Bayerischen Verfassung sind „Staat und Gemeinden" verpflichtet, „der Allgemeinheit die Zugänge zu Bergen, Seen und Flüssen [...] freizuhalten". Ein Großteil der Stege am schönen Starnberger See gehört der Bayerischen Seenschifffahrt, die wiederum im Eigentum des Bayerischen Staats ist, also der Gemeinschaft. So weit, so gut. Wären da nicht andere Rechtsnormen, die da etwa Grunddienstbarkeiten in Form von Zugangsrechten regeln würden – sozusagen der „Weg zum Steg". In diesem Zusammenhang fanden vermehrt Seebewohner und Gäste dezente Verbotsschilder vor, die vor dem Betreten der Stege warnten oder gar strikte Begehungsverbote aussprachen. Von einem Fall ist sogar bekannt, dass die Streitigkeiten so weit eskalierten, dass von der Bayerischen Staatsregierung einem Seeanrainer mit Enteignung gedroht wurde, um den freien Zugang zum Steg zu gewährleisten.

AUF EIGENES RISIKO

Droht nach dem Rauchverbot nun ein verschärftes Stegverbot? Gut möglich, ist doch die breite Lobby der „Stegbegeher" ohne großen Einfluss. Die Einhaltung des Begehungsverbots wird an den meisten Dampferstegen am Starnberger See rigoros mit aufwendigen Absperrungen untermauert. Vielleicht würde ein einfaches Hinweisschild auf die Gefahren bei Regen oder Eis als Appell an den gesunden Menschenverstand schon völlig ausreichen, so wie es etwa an vielen anderen bayerischen Seen durchaus mit bajuwarischer Gelassenheit praktiziert wird.

Münsing

Münsing, die „Sonnenseite am Starnberger See", ist der ideale Platz für Wassersportler, Kulturliebhaber und Erholungsuchende

Münsing – das sind sattgrüne Wiesen, die sich über sanfte Hügel erstrecken, malerische Kirchen mit ihren typischen Zwiebeltürmen und jahrhundertealte Bauernhöfe. Hier findet man den Wirt, Metzger und Bäcker

noch im Dorf, die Fischer leben wie einst mit und von dem Starnberger See, und auf vielen Höfen genießen Gäste den Urlaub auf dem Bauernhof. Und stets lockt der See – ob zum Baden, zum Wassersport oder zu einer Dampferfahrt. Da verführen flache Sand- und Kiesstrände Wanderer und Radler zu einer erfrischenden Rast und Sonnenhungrige zu einem entspannten Tag. Etwas abseits des Ufers, von den Höhenrücken aus, bietet sich neben vielen Kirchen und Kapellen ein einmaliger Blick über das Voralpenland bis zu den Alpengipfeln. Darüber hinaus sind die Ortsteile Ambach, Ammerland und St. Heinrich als Künstlerkolonien bekannt. Hier lebten und leben der Kasperlgraf Franz von Pocci, der Biene-Maja-Vater Waldemar Bonsels sowie Schauspieler und Schriftsteller; Vicco von Bülow alias Loriot genießt hier seinen Ruhestand.

Blick auf Holzhausen und den Starnberger See. Rechts: die Pfarrkirche Mariä Himmelfahrt mit der Zugspitze, Bootssteg in Ambach, das Schloss Ammerland

AMBACH

GESEGNETE LAGE

Das Gebiet der Gemeinde Münsing ist eines der Sahnestücke am Starnberger Ostufer. Kaum ein anderer Landstrich bietet solch herrliche Ausblicke auf das Umland und die Alpen, ist so reich an prägnanten Naturschätzen und weitläufigen Erholungsgebieten. Zwischen Münsing und St. Heinrich reihen sich versteckte Weiher, ursprüngliche Dörfer und dichte Wälder aneinander, die im Westen an einen der schönsten Uferbereiche des Starnberger Sees grenzen. Unweit von Münsing in Richtung See liegt Ammerland mit seinem Schloss direkt am Ufer, das früher dem Kasperlvater Graf von Pocci gehörte und heute in

Der Sonderhamer Weiher, die Degerndorfer Kapelle. Rechts: Eingang zur Villa von Waldemar Bonsels, Statue von Hans Kastler, die Einöde Schallenkam

Privatbesitz ist. Auf den Höhen von Ammerland befindet sich auch ein renommiertes Gestüt.

Südlich von Degerndorf liegt der Sonderhamer Weiher, der besonders im Winter wegen seiner glatten Eisoberfläche bei Schlittschuhfahrern und Eisstockschützen beliebt ist. Sehenswert in Degerndorf ist die Maria-Dank-Kapelle auf dem Fürst-Tegernberg. Die Entstehung der Kapelle geht auf den Absturz eines über München getroffenen englischen Jagdflugzeugs zurück, der den Ort nur knapp verfehlte. Als Dank errichteten die Bürger 1948 die Kapelle, zu der an jedem 13. des Monats im Sommer eine Dankesprozession stattfindet. Ein landschaftlich interessanter Platz ist die Einöde Schallenkam südlich von Schloss Weidenkam. Der ehemalige Aussiedlerhof samt Kapelle liegt wie eine Oase inmitten von traumhafter Wiesen.

AM SEEUFER

Zwischen den Orten Ammerland, Seeheim und Ambach führt die kleine Straße an einem der reizvollsten Uferbereiche des gesamten Starnberger Sees entlang. Auf dem Weg gen Süden über die nur für Anlieger freigegebene Straße tauchen linker Hand immer wieder prächtige Villen und Landhäuser aus den unterschiedlichsten Epochen auf. Im Uferbereich reihen sich Wiesen und kleine Bootshäuser aneinander. Ein besonders markantes Bauwerk ist das „Ungarische Tor“ genannte Portal zur ehemaligen Villa des Schriftstellers und Biene-Maja-Erfinders Waldemar Bonsels, der hier von 1910 bis zu seinem Tod 1952 lebte und dessen Urne im Garten beigesetzt wurde. Das „Szekler-Tor“ wurde 1894 vom ungarischstämmigen Direktor der Akademie für bildende Künstler in München, Julius von Benczur, errichtet. Eine Besichtigung des Gedächtnisraums der Villa ist nach Rücksprache mit der Waldemar-Bonsels-Stiftung möglich (Tel. 08157/9979010).

1 GASTHAUS LIMM

Das Gasthaus Limm ist auf den ersten Blick eine solide Traditionswirtschaft: seit Generationen ein Familienbetrieb, dazu noch eine eigene Metzgerei – in Bayern an sich schon Garant für gute Qualität. Doch was Koch Sebastian Limm mit seinem Team auf die Teller zaubert, entspricht eher „bayerischer Haute Cuisine“ als gutbürgerlicher Standardkost. Limm kombiniert gekonnt bayerische Küche mit den Techniken der Sterneküche, die er im Münchner Tantris bei Hans Haas kennenlernte. Das Resultat ist eine erfrischende Karte, auf der das Kalbslüngerl selbstbewusst neben der Hummercremesuppe und dem getrüffelten Kalbskotelett steht.

2 LANDHOTEL HUBER AM SEE

Der Name ist hier Programm: Das Landhotel Huber am See liegt einen Steinwurf vom Ufer entfernt und verfügt über einen eigenen Badestrand. Die absolut ruhige Lage zwischen Ambach und Seeheim garantiert Entspannung pur. Die 39 Zimmer und drei Appartements des klassischen oberbayerischen Landhauses mit dem warmen Charme von viel Holz im Interieur bietet gehobenen Komfort und herzlichen Service. Dafür stehen Ingrid Sebald-Wendl und ihr Mann Michael Wendl, die den Service und die Küche mit Herz und Seele vertreten.

Ob im Sommer auf der Terrasse mit traumhaftem Ausblick oder an kühlen Tagen in der uralten Stube, Michael Wendl und seine Küchenbrigade verwöhnen die Gäste mit selbst geräucherten und frischen Fischspezialitäten aus dem See, internationalen Gerichten und bayerischen Schmankerln.

Ingeborg und Sebastian Limm, Stüberl im Landhotel Huber. Rechts: Linde bei Holzhausen, Gasthaus zum Fischmeister, Schlossgut Oberambach

③ SPAZIERGANG VON HOLZHAUSEN NACH OBERAMBACH

Ideal für einen kleinen Spaziergang nach dem Essen ist der Weg von Holzhausen zum Schlossgut Oberambach. Die Route beginnt an der Kirche von Holzhausen, wo bis zum Sturm Lothar, 1999, die 1.000-jährige Linde stand. Hinter dem Marterl wurde eine neue Linde gepflanzt. Der Ort bietet einen herrlichen Rundumblick auf den See und die umliegenden Wälder und Wiesen. Richtung Süden führt dann ein unbefestigter Weg über sattgrüne Wiesen bis zum zum Schlossgut Oberambach, ein Anwesen aus dem 15. Jahrhundert, das heute ein ökologisch geführtes Hotel beherbergt (www.schlossgut.de). Zum See nach Ambach geht man durch eine wunderschöne Kastanienallee.

④ GASTHAUS ZUM FISCHMEISTER

Der „Fischmeister“ oder auch „Bierbichler“ (s. Seite 79) ist am Ostufer das, was das „Häring‘s“ am Westufer ist: hoher Promifaktor, exzellente Küche, bloß alles einen Tick unprätentiöser, bodenständiger und uriger. Die Küche mit italienischem Einschlag setzt auf regionale Produkte und glänzt mit tagesaktuellen, saisonalen Gerichten. Sehr gute Weinkarte mit Schwerpunkt Norditalien.

Infos

Gasthaus Limm Hauptstr. 29, Tel. 08177/411. www.gasthauslimm.de Di., Do.-So. 10:30-14:30 Uhr, Mo., Di., Do.-Sa. 18-24 Uhr (Küche bis 21 Uhr).

Landhotel Huber am See Holzbergstr. 7, Ambach, Tel. 08177/9320, www.landhotel-huber.de, tägl. geöffnet

Gasthaus Zum Fischmeister Seeuferstr. 31, Ambach, Tel. 08177/533, Mi.+Do. ab 16 Uhr, Fr.-So. und an Feiertagen ab 12 Uhr

Berg

Es war der mysteriöse Tod König Ludwig II., der das ehemalige Bauern- und Fischerdorf Berg am Ostufer bekannt gemacht hat

Berühmt wurde Berg am 13. Juni 1886, als hier König Ludwig II. und sein Arzt tot aus dem Starnberger See geborgen wurden. Heute erinnern dort ein Kreuz im See und die Votivkapelle an den Tod des beliebten bayerischen „Kini". Auf den Spuren des Märchenkönigs wandeln Besucher im Park des barocken Schloss Berg, der teilweise öffentlich zugänglich ist. Neben den königlichen Sehenswürdigkeiten finden Gäste zahlreiche Kirchen und Klöster in Berg, darunter die alles überragende Wallfahrtskirche Mariä Himmelfahrt im Ortsteil Aufkirchen, die bereits im 16. Jahrhundert Pilger anzog. Perfekt für ein erfrischendes Bad im See ist das riesige Erholungsgelände in Kempfenhausen. Hierhin zieht es an heißen Tagen nicht nur die Gäste, sondern auch Einheimische. Eher beschaulich geht es an den vielen kleinen romantischen Buchten entlang dem Seeufer zu: Hier zieht die Natur an lauen Sommerabenden alle Register und zelebriert traumhafte Sonnenuntergänge, während sich im Süden die Silhouette der Alpen gegen den Himmel abzeichnet.

Die Wallfahrtskirche Mariä Himmelfahrt in Aufkirchen. Rechts: die Votivkapelle in Berg, das Hotel Schloss Berg und der Blick vom Steg in Leoni

HÖFISCHER GLANZ

Berg ist mit dem Namen König Ludwig II. aufs Engste verbunden (s. auch Seite 26 ff.). Auf Schloss Berg, das seit über 300 Jahren im Besitz der Wittelsbacher ist, feierte der König rauschende Feste, zuletzt im Jahr 1868, als er die russische Zarin Maria Alexandrowna empfing. Seine erste Blütezeit erlebte Schloss Berg während der Regentschaft der Kurfürsten Ferdinand Maria und Max Emanuel Ende des 18., Anfang des 19. Jahrhunderts. Die ursprüngliche Pracht der Anlage lässt sich heute nur noch erahnen, da im Zweiten Weltkrieg große Teile des Schlosses zerstört wurden. Das königliche Ensemble verfügte über einen eigenen Hafen, der von Starnberg aus mit dem Prunkschiff „Bucentaur“ angefahren wurde.

MIT DER SEILBAHN ZUM FEIERN

Ähnlich prunkvoll ging es später in Assenbuch (später Leoni, benannt nach dem italienischen Opernsänger Giuseppe Leoni) zu, als 1875 auf der „Rottmannshöhe“ ein Hotel im neobarocken Stil errichtet wurde. Der Landschaftsmaler Carl Rottmann (1797-1850) hat diesen Ort zu seinem Lieblingsplatz auserkoren und nannte ihn den „sehenswertesten Ort am Starnberger See“. Um der feinen Gesellschaft den steilen Aufstieg vom See zur ersparen, fuhr von 1896 bis 1922 eine dampfgetriebene Seilzugbahn den Berg hinauf. Scharenweise strömten dann auch die Münchner an den See, um von Starnberg nach Berg überzusetzen und den Ausblick von der Rottmannshöhe zu genießen. Heute ist das Gebäude ein Sanatorium des Heckscher-Klinikums.

Tafel am Geburtshaus von Oskar Maria Graf in Berg, Graf-Statue in Aufkirchen. Rechts: Oskar Maria Graf im typischen Alltagsgewand

Ein Bayer in New York

Es muss für die New Yorker ein schrulliger Anblick gewesen sein, den Schriftsteller aus Deutschland selbst zu feinen Anlässen in Wams und Lederhosen umhergehen zu sehen. Denn auch wenn Oskar Maria Graf 1967 als amerikanischer Staatsbürger in New York starb, blieb er doch zeit seines Lebens seiner oberbayerischen Heimat verbunden. „Oberbayern hat keinen echteren, in der vom Schicksal erzwungenen Ferne keinen treueren Sohn", schrieb Thomas Mann über seinen Kollegen.

Oskar Maria Graf wurde am 22. Juli 1894 in Berg am Starnberger See geboren. Die Gemeinde ehrt ihn mit einem Oskar-Maria-Graf-Platz, an dem sein Elternhaus steht, das heute das Oskar-Maria-Graf-Stüberl beherbergt. Als neuntes Kind des Bäckermeisters Max Graf trat Oskar in dessen Fußstapfen und lernte das Bäckerhandwerk; eine wenig erfolgreiche Entscheidung. 1911 ging er nach München, wo er sich ins Bohemeleben stürzte und erste literarische Gehversuche unternahm. Zu seinen bekanntesten Schriften zählt das autobiografische Werk „Wir sind Gefangene" von 1927. Weil die Nationalsozialisten ihn bei der Bücherverbrennung 1933 nicht „berücksichtigt" hatten, protestierte Graf dagegen mit dem Artikel „Verbrennt mich!" in der Wiener Arbeiter-Zeitung. Nach der eigens für ihn initiierten Verbrennung seiner Bücher ein Jahr später emigrierte Graf zunächst nach Prag, später über die Niederlande nach New York, wo er bis zu seinem Tod 1967 lebte.

Seine Urne wurde in München auf dem Bogenhausener Friedhof beigesetzt. Grafs Werk umfasst diverse Genres, von Gedichten über Erzählungen bis zu Romanen sowie politische Pamphlete gegen Faschismus

und Krieg. Für den politischen Querdenker blieb das Bayerische immer die wichtigste Sprache. Dem Englischen verweigerte er sich so gut es ging. Heute noch huldigt man ihm in New York mit dem Oskar-Maria-Graf-Stammtisch in der Upper East Side. Hier saß er über viele Jahre und bekam sein Bier im eigenen Krug serviert – von dessen Grund ihn, wenn er dann leer war, das Konterfei König Ludwig II. anlächelte.

❶ CAFÉ FRÜHTAU

Die Grafstraße in Berg ist ein Phänomen, das in der Region wohl einmalig ist. Auf engstem Raum reihen sich hier kulinarische Kleinodien aneinander, wie man sie sonst nicht einmal in den großen Städten findet. Den Auftakt macht das Café Frühtau, ein herrlich gemütlicher Ort mit liebevoll gestaltetem Interieur, Antiquitäten und sündhaft leckeren Kuchen, Suppen und vegetarischen Gerichten. Das Schlagwort „hausgemacht" wird hier ernst genommen, veredelt werden Produkte aus der Region in Bioqualität. Das Frühtau ist die ideale Einkehr beim Weg an den See auf ein Stück Topfenstrudel.

❷ OSKAR-MARIA-GRAF-STÜBERL

Einen Steinwurf schräg gegenüber lockt die nächste kulinarische Station von Bergs Genussmeile: das urige Oskar-Maria-Graf-Stüberl mit zwei gemütlichen Gasträumen, die dem neobayerischen Einheitsstil erfolgreich getrotzt haben: schwere Holzmöbel, alte Zwischenbalken – die Atmosphäre ist authentisch, so wie Wirt Peter Reinmann. Seit Jahren steht der sympathische Inhaber für echte bayerische Küche, vom Schweinsbraten bis zu saisonalen Spezialitäten aus Wald und See. Den Namensgeber Oskar Maria Graf kann man in seinem Geburtshaus auf vielen Fotos und Dokumenten sehen.

❸ GASTHOF ZUR POST

Die Post in Aufkirchen ist ein klassischer bayerischer Gasthof mit großem Festsaal, Stammtisch und einem Biergarten, der zu den schönsten in der Region gehört. Die Kleinen freuen sich über einen Spielplatz, der seinen Namen auch verdient, während die Eltern die Spezialitäten aus der Küche genießen: bayerische Schmankerl ohne Schnickschnack, handwerklich solide zubereitet. Bei schlechtem Wetter wird es im Stüberl umso gemütlicher. Für einen Kurzurlaub in Aufkirchen stehen elf Fremdenzimmer zur Verfügung.

Hausgemachte Köstlichkeiten im Café Frühtau. Rechts: Babsi und Peter Andrä im Fischladen „Kramerfeicht. Unten: das Café Frühtau und das „Graf-Stüberl"

4 KRAMERFEICHT

Zurück in Bergs „Fressgasse“ führt der Weg in das Haus Nr. 6, den „Kramerfeicht-Hof“. In dem über 200 Jahre alten Anwesen locken gleich zwei kulinarische Attraktionen: der Fischladen und das Restaurant. Für frische und geräucherte Fische sorgt Peter Andrä höchstpersönlich, seines Zeichens Fischermeister. Seine Frau Babsi berät im Laden charmant wie gewandt in Sachen Fisch. Neben den Renken, Saiblingen und Aalen stehen auch Köstlichkeiten aus dem Meer und ausgesuchte Weine im Angebot. Wer nicht selber kochen möchte, ist nebenan bei Steffi und Manuel Liebtrau in besten Händen. Die Menü- und À-la-carte-Abende sind kulinarische Feste der Extraklasse. Während Profikoch Manuel in der kleinen Küche seiner Kreativität freien Lauf lässt (Lachs mit Tartarnest und Süßkartoffelpüree), überrascht die diplomierte Sommelière Steffi selbst hartgesottene Weinkenner mit ihren Empfehlungen. Das heimelige Wohnzimmerflair rundet das Genusserlebnis perfekt ab.

Gastro-Tipps

Café Frühtau Grafstr. 14, Tel. 08151/971480, Do.-Sa. 10-18, So. 8-18 Uhr

Oskar-Maria-Graf-Stüberl Grafstr. 9, Tel. 08151/51688, tägl. 10-23 Uhr (Di. Ruhetag)

Gasthof zur Post Marienplatz 2, Tel. 08151/51980, tägl. 11:30-14:30 Uhr und 18-21:30 Uhr, am Wochenende und feiertags 11:30-21:30 Uhr.

Kramerfeicht Fischladen Grafstr. 6, Tel. 08151/50005, Di./Sa. 9-13 Uhr, Mi.-Fr. 9-13 und 14-18 Uhr

Kramerfeicht Restaurant Grafstr. 6, Tel. 08151/5706, jeden 1. Mi. und Do. im Monat und nach Vereinbarung. Infos: www.kramerfeicht.de

Marianne Sägebrecht, Lothar-Günther Buchheim, Herbert Achternbusch, Hans Albers mit Romy Schneider, Heinz Rühmann, Vicco von Bülow, Romy von Bülow, Simone Rethel, Johannes Heesters, Katerina Jacob, Leni Riefenstahl, Peter Jacob, Peter Maffay, Fritz Rau und Mick Jagger

Ganz normale Promis

Grünwald, Harlaching, Lehel, Bogenhausen – die Münchner Nobelviertel sind im Vergleich zum Starnberger See nur triste Fußballersiedlungen mit neobarocken Designervillen. Zwischen Starnberg und Seeshaupt residiert die wahre Grandesse, und das schon seit über 300 Jahren, als die bayerischen Herzöge in Prunkschiffen von Starnberg nach Berg fuhren, um im dortigen Schloss rauschende Feste zu feiern. Anfang des 20. Jahrhunderts entdeckte die Münchner Boheme den See. In dieser Zeit entstanden viele der Gründerzeitvillen wie die Villa Waldberta in Feldafing, Thomas Mann residierte im „Villino". Heute noch bewohnt Otto von Habsburg die Villa Austria in Pöcking.

DISKRETION, BITTE ...

Bei einer Rundfahrt um den Starnberger See kann man oft nur erahnen, welch prächtige Villenanwesen sich hinter den hohen Zäunen und Hecken verbergen. Mehr Aufschluss gibt da schon die Perspektive vom Wasser. Doch die meisten wahren Stars wohnen nicht in den protzigen Burgen mit riesigem Ufergrundstück. Sie bevorzugen dezente Abgeschiedenheit, Individualität und Ruhe.

So lebte Heinz Rühmann in einem relativ bescheidenen Anwesen in Aufkirchen, Loriot wohnt zurückgezogen in Ammerland, wo er seine Möpse spazieren führt, und Johannes Heesters hatte in einer unscheinbaren Neubausiedlung zwischen Starnberg und Hanfeld sein Domizil. Der Filmemacher Herbert Achternbusch lebte während seiner „wilden" 70er- und 80er-Jahre mit dem Schauspieler Josef Bierbichler in einer Wohngemeinschaft in Ambach. Heute bewohnt er ein ehemaliges Schulhaus im nahen Würmtal, ganz getreu seinem Ausspruch im Streifen „Servus Bayern" (1978): „Diese Gegend hat mich kaputt gemacht, und ich bleibe so lange, bis man ihr das anmerkt!" [bisher ohne Erfolg]. Peter Maffay pendelt zwischen Tutzing und Mallorca, und auch andere Größen aus dem Showbiz haben im Dunstkreis des Starnberger Sees Wurzeln geschlagen; sicherlich, weil es hier schön ist, aber auch viel vertrauter, wenn man sich beim „Häring's" in Tutzing zum Kaffee oder beim Fischmeister in Ambach auf eine Halbe trifft – VIP oder nicht, das spielt am Starnberger See keine Rolle.

Der Ammersee

Den Beinamen „Bauernsee" erhielt der Ammersee, weil zwischen Herrsching und Dießen keine Könige in Prunkschiffen über den See glitten und so auch keine Schlösser die Ufer schmücken. Herrsching, Dießen und Inning waren bis in die Neuzeit kleine Dörfer mit wenigen hundert Einwohnern, geprägt von Landwirtschaft und der Fischerei. Diese Bereiche wiederum waren immer fest in der Hand der zwei bestimmenden Protagonisten am Ammersee: den Klöstern Andechs und Dießen. Aus heutiger Sicht ist diese Entwicklung ein Segen. Im Vergleich zum Starn-

berger See sind mehr Uferbereiche frei zugänglich, das Leben geht beschaulicher vonstatten, und selbst an heißen Sommertagen findet man immer noch ein stilles Fleckchen zum Baden. Für Naturliebhaber, Hobbyornithologen und -botaniker ist die Gegend rund um den Ammersee mit ihren einzigartigen Vogel- und Naturschutzgebieten ein wahrer Schatz. Und die hiesigen Segler können über den großen Nachbarn im Osten nur lächeln, wenn in der Herrschinger Bucht eine schöne Brise geht, während vor Starnberg die Segel müde in der Flaute hängen.

Herrsching

Das ehemalige Fischerdorf hält neben der längsten Seepromenade Deutschlands noch weitere Superlative bereit

Wer mit dem Schiff am Herrschinger Dampfersteg anlegt, läuft schnurstracks auf die längste Seepromenade Deutschlands zu. Hier warten Cafés und schattige Biergärten auf durstige Besucher. Und auch im größten Trubel sorgt ein Blick auf den friedlichen Ammersee und das gegenüberliegende grüne Westufer dafür, dass gestresste Seelen hier zur Ruhe kommen. Geruhsam flanieren lässt es sich auch im Kurpark am See mit seinem bezaubernden Schlösschen, das mit wechselnden Ausstellungen und dem Töpfermarkt viele Besucher anzieht. Wer es aktiv mag, wandert oder radelt von Herrsching durch das Kiental hinauf zum berühmten Kloster Andechs. Auf dem Seeuferweg kommt man entweder bis ans Südende des Sees oder Richtung Norden nach Breitbrunn. Die Rückfahrt verläuft ganz entspannt mit einem Ammersee-Dampfer. Bekannt bei Seglern und Windsurfern ist die Herrschinger Bucht. Hier weht häufiger eine frische Brise als in anderen Teilen des Ammersees. Romantiker lieben die legendären Sonnenuntergänge an diesem gesegneten Platz.

Die Herrschinger Bucht gilt als Topspot für Segler und Surfer. Rechts: das Kurpark-Schlösschen und die Uferpromenade mit traumhaften Ausblicken

Logenplätze, kostenlos, gespielt wird der dritte Akt vom „Sonnenuntergang" in der Herrschinger Bucht am Seewinkel – jedes Mal individuell inszeniert.

DIE „CROISETTE" VOM AMMERSEE

Herrschings Lebensader ist die rund zehn Kilometer lange Uferpromenade. Vom Seespitz über den Dampfersteg und den Kurpark bis zum Seewinkel und weiter kurz vor Lochschwab reicht die Flaniermeile. Unzählige Restaurants, Eisbuden, Bootsverleiher und Hotels reihen sich aneinander. Auf den Bootsstegen genießen Paare bei schönem Wetter den Blick auf das Wasser und die spektakuläre Kulisse der Alpen am Horizont. Auf dem Uferweg tummeln sich Kinder, während die Eltern in schattigen Cafés und Biergärten das mediterrane Flair im Sommer auskosten und den Segelbooten in der Herrschinger Bucht bei ihren Manövern zuschauen.

DAS KURPARK-SCHLÖSSCHEN

Ein markanter Punkt an der Promenade ist das sogenannte Kurpark-Schlösschen rechts vom Anlegesteg der Bayerischen Seenschifffahrt. Die Villa mit Anleihen an die Architektur italienischer Adelshäuser ließ 1889 der Maler Ludwig Gustav Wilhelm Scheuermann errichten. Das Haus war in den Folgejahren ein beliebter Treffpunkt der Münchner Künstlerszene, die hier vor allem im Sommer rauschende Feste feierte. Scheuermann starb 1911 und ist in Herrsching beerdigt. 1934 ging die Villa in den Besitz der Gemeinde über. Heute wird das Kurpark-Schlösschen als Kulturzentrum für Konzerte und Ausstellungen genutzt und ist ein beliebter Ort für Trauungen.

Blasmusikkonzert auf dem Dampfersteg in Herrsching, Impressionen an der Herrschinger Uferpromenade. Oben: der „Bucentaur" vom Ammersee

1 SURFEN UND KITEN

Die Herrschinger Bucht gilt mit ihrem Düseneffekt unter Surfern wie Kiter als echter Hotspot. Die besten Plätze sind am Herrschinger Kreuz (in Lochschwab, Zugang über die Franz-Zell-Straße, dann Fußweg) und gegenüber in Mühlfeld, wo man das Ufer bequem vom Campingplatz erreichen kann (von April bis September geöffnet).

2 SEEWINKEL

Das Badegelände hat zwar nach seiner Renovierung für viele Einheimische seinen Charme als „wahrer Dorfplatz“ verloren, trotzdem ist das Strandbad mit seiner großen Liegewiese, dem Kiosk und Biergarten und dem Badesteg mit Sprungturm (s. Seite 84/85) immer noch der zentrale Treffpunkt an der Herrschinger Uferpromenade.

Kiter und Surfer in der Herrschinger Bucht. Rechte Seite: Luftbild der Uferpromenade, Fischladen Stumbaum und das Bootshaus am Minigolfplatz

3 GASTHOF HOTEL ZUR POST

Die Post kann auf eine über 550 Jahre lange Geschichte zurückblicken, seit 1567 ist sie eine Tafern, ein Gasthof mit Hotel. Das aufwendig renovierte Gebäude mit dem Biergarten direkt am Kienbach versprüht im Innern den Geist vergangener Jahrhunderte mit schweren Holztischen und einem offenen Kamin in der Gaststube. Die Küche ist bodenständig bayerisch und bietet das komplette Repertoire vom Krustenbraten bis zum Braumeistergulasch.

4 MATOS FISCHLADEN

Mato hat im Frühjahr 2010 von der Traditionsfischerei Stumbaum den Laden an der Seepromenade übernommen und verkauft wie seine Vorgänger geräucherte Fische, sehr leckere Fischsemmeln und kleine Fischgerichte. Großen Wert legt Mato auf die Qualität seiner Waren und Produkte, es muss alles in Bioqualität sein. Die Renken und Saiblinge – frisch und geräuchert – bezieht er natürlich von der Fischerei Stumbaum, die den Laden schon seit 1948 besitzt.

Infos Herrsching

Gasthof Hotel zur Post

Andechsstr. 1, Tel. 08152/396270, www.post-herrsching.de, Mo.-Fr. ab 11 Uhr, Sa., So. ab 9 Uhr.

Matos Fischladen in der Fischerei Stumbaum Summerstr. 22, Tel. 08152/1375. Di.-Sa. 9-18 Uhr, So. 12-18 Uhr.

2 STRANDBAD BREITBRUNN

Das Strandbad links vom Dampfersteg im Ortskern von Breitbrunn gehört mit seinem Kiosk eher zu den beschaulichen Badeplätzen. Besonders schön ist die steil am Ufer ansteigende Liegewiese, von der man einen wunderbaren Blick auf den See hat. Ein weiterer Vorteil: Selbst an den Wochenenden im Sommer tritt man sich hier nicht auf die Füße. Wer seine Ruhe haben möchte, geht ein paar Meter rechts vom Steg zu seiner privaten Badeidylle.

2 RIEDER WALD

Der Uferbereich am Rieder Wald zwischen Herrsching und Breitbrunn ist mit seinen vielen kleinen Buchten ein ideales Revier für Sonnenanbeter, die die Stille suchen. Durch den flachen Uferbereich ist das Wasser überdurchschnittlich warm und so auch gut für Kinder geeignet. Letztere finden auf umgestürzten Bäumen und an den zahlreichen kleinen Bächen ein Paradies zum Spielen. Neben den riesigen alten Eichen und Buchen findet man hier auch einen

Der Anlegesteg in Breitbrunn. Rechts: Biergarten Wirtshaus Seestern. Unten: das Strandbad am Anlegesteg von Breitbrunn

äußerst seltenen Baum: die Schwarzpappel, von der es in der Region nur noch wenige Exemplare gibt. Den geschützten Uferbereich sollte man mit Respekt nutzen und vor allem die ausgewiesenen Betretungsverbote im Herbst und Winter beachten. Außerhalb der Badesaison ist der Uferweg von Herrsching nach Breitbrunn vor allem im Herbst ein Naturerlebnis der Extraklasse. Zu erreichen ist der Rieder Wald direkt von Lochschwab und Ried aus. Von der Staatsstraße zwischen Herrsching und Breitbrunn aus gibt es ungefähr auf halber Strecke einen großen Parkplatz.

3 WIRTSHAUS SEESTERN

Oberhalb vom Dampfersteg liegt das Wirtshaus Seestern mit seinem wunderschönen Biergarten zwar direkt an der Straße, aber durch die erhöhte Lage am Hang im Schatten der alten Kastanien bekommt man davon nicht viel mit. Die Atmosphäre im Biergarten wie in der gemütlichen Stube ist locker, das Servicepersonal stets gut gelaunt und aufmerksam. Das kulinarische Angebot besteht aus bodenständig bayerisch-österreichischer Küche.

Infos Breitbrunn

Wirtshaus Seestern

Hauptstr. 6, Breitbrunn,
Tel. 08152/9279981,
www.seestern-ammersee.de,
Sommersaison (Juli – Oktober):
Di.-Fr. 12-22 Uhr, Sa.+So. 11-22 Uhr
Außerhalb der Sommersaison:
Mi.-Fr. 17-22 Uhr, Sa.+So. 11-22 Uhr

Andechs

Zwischen Ammersee und Starnberger See gelegen, thront das Kloster Andechs auf dem „Heiligen Berg"

Das barocke Benediktinerkloster Andechs ist der berühmte Namensgeber der Gemeinde, zu der die landwirtschaftlich geprägten Orte mit ihren malerischen Bauernhäusern gehören. Der älteste Wallfahrtsort Bayerns (seit 1128) im Herzen des Starnberger Fünf-Seen-Lands wurde durch den Reliquienschatz der Grafen von Andechs berühmt, der die ersten Pilger anzog. Das heutige Benediktinerkloster ist neben seinen Bieren auch für das vielfältige kulturelle Angebot mit zahlreichen Veranstaltungen wie den Carl-Orff-Festspielen oder dem Andechser Orgelsommer bekannt. Wer gut zu Fuß ist, wagt den reizvollen Aufstieg von Herrsching aus durch das Kiental und schwelgt bei seinen Verschnaufpausen immer wieder im Anblick der hoch in den Himmel aufragenden Bäume. Heute lockt Andechs mit seinem Reliquienschatz, dem prachtvollen Innenleben der Wallfahrtskirche und vor allem mit seiner Gastlichkeit und dem vielfältigen Führungsangebot. Die Besucher genießen den traumhaften Ausblick, die hauseigenen Biere, Spirituosen sowie bayerische Schmankerln.

Oben: Pilgergruppe. Rechts: der Turm der Wallfahrtskirche. Unten: das Bräustüberl und die Mariendarstellung im unteren Hochaltar der Wallfahrtskirche

UNA EX HISCE
MORIERIS

ANDECHS ALS WALLFAHRTSORT

Neben Altötting gehört das Kloster Andechs zu den bedeutendsten Wallfahrtsorten in Bayern. Die Geschichte der heutigen Wallfahrtskirche reicht bis zum Anfang des 15. Jahrhunderts zurück. Ihre heutige Form hat sie nach etlichen Beschädigungen während des Dreißigjährigen Krieges und durch einen Blitzschlag zum 300-jährigen Jubiläum 1755 bekommen. Federführend bei der Neugestaltung in den damals modernen Rokokoformen war der renommierte Maler und Stuckateur Johann Baptist Zimmermann (1680-1758). Seit der Renovierung 2005 erstrahlt die Kirche im alten Glanz.

Der „Heilige Berg"

Kloster Andechs, Bergstr. 2,
82346 Andechs, Tel. 08152/376-0

Führungen Das Kloster bietet zahlreiche öffentliche Führungen durch die Klosterbrauerei und -brennerei, die Wallfahrtskirche und den Kräutergarten. Infos unter: www.andechs.de

Blick in die Andechser Wallfahrtskirche nach Osten mit dem Doppelhochaltar, der wie andere Teile der Kirche von Johann Baptist Zimmermann stammt

Das Andechser Gefühl

Das muss er sein, der Himmel auf Erden: Vor einem strahlt der frische Bierschaum im Maßkrug, verlockend lacht die Schweinshaxe vom Teller, und der Blick schweift von der Ostterrasse (im Biergarten hinten rechts) auf die satten Wiesen und Getreidefelder in Richtung Widdersberg und Frieding. Am Nachbartisch kämpfen zwei kichernde Japaner mit der knackig-krossen Bratenkruste, während ein offensichtlich einheimisches Ehepaar den mitgebrachten Radi kunstvoll zur Spirale schneidet und den Schinkenspeck auspackt.

DIE „SPEISUNG DER 5.000"

An schönen Tagen strömen die „Bierpilger" in Massen auf den „Heiligen Berg", selbst Menschen, die sonst keinen Meter zu viel gehen, nehmen den steilen Aufstieg zum Bräustüberl und zum überdachten Biergarten gerne in Kauf, so wie es schon Wilhelm Busch in seiner „Frommen Helene" in Anlehnung seiner Besuche in Andechs erkannte: „Hoch von gnadenreicher Stelle winkt die Schenke und Kapelle." Oben angelangt, folgt dann ein kurzer Besuch im Klosterladen und in der Wallfahrtskirche, bevor es zum lang ersehnten Ausschank ins Bräustüberl geht, wo die Haxen und Wammerl schon verführerisch duften. Dank der routinierten Servicekräfte geht es erstaunlich schnell voran, und je nach Wetterlage führt der Weg ins Bräustüberl oder den Biergarten. „Novizen" auf dem Heiligen Berg staunen im Hauptraum des Stüberls nicht schlecht über den breiten Schrank aus massivem Holz und mit den vielen kleinen Fächern, die mit eisernen Gittern und einem Schloss versehen sind. Dahinter verbergen sich keine Klosterschätze, sondern wohl behütete Bierkrüge, die nur samt Schlüssel vererbt werden können. Die illustre Runde dieser Stammgäste erlebt man zu festen Zeiten, die an manchen Tischen vermerkt sind oder meist zum Frühschoppen am Wochenende. Dann sollte man die Gelegenheit ergreifen und sich zumindest in die Nähe setzen – einen lebendigeren Einblick in das bayerische Lebensgefühl bekommt man sonst nirgendwo.

Blaskapelle beim Standkonzert in Erling. Rechts: Gasthof Schreyegg und „Der Obere Wirt zum Queri " in Frieding mit der Statue von Georg Queri

1 GASTHOF SCHREYEGG

Der Gasthof Schreyegg in Unering wurde bereits 1866 erbaut und blickt seitdem auf eine lange Familientradition zurück. Nach umfangreichen Umbaumaßnahmen übernahm Stefan Schreyegg mit seiner Frau Tanja und den drei Töchtern den Familienbetrieb. Das Anliegen, die alten historischen Räume zu erhalten und mit neuen Leben zu erfüllen, ist der Familie Schreyegg rundherum geglückt. Auch der gemütliche Biergarten mit seinen uralten Kastanienbäumen lädt in den Sommermonaten zum geselligen Beisammensein ein.

Für das leibliche Wohl wartet der Koch des Hauses mit mediterran inspirierter, gut bürgerlicher Küche auf, die durchaus Sterneniveau aufweist. So ist der Gasthof Schreyegg in Unering immer einen Besuch wert – sowohl für Ausflügler, als auch für Einheimische.

2 DER OBERE WIRT ZUM QUERI

Der von Familie Bauer betriebene Landgasthof mit traumhaftem Biergarten, stilechten Stuben und Gästezimmern bietet neben den Klassikern der bayerischen Küche auch Fleischprodukte von den hauseigenen Bio-Angusrindern, die unweit von Frieding artgerecht gehalten werden. Der „Queri" ist für viele Einheimische auch die erste Adresse, wenn es um Feste und Veranstaltungen geht.

Tipps Andechs/Frieding

Gasthof Schreyegg
Andechser Straße 2, Seefeld-Unering,
Tel. 08153/3409, Mi.-Fr. 11:30-14:30 u. 17:30-22:30 Uhr, Sa. 11:30-22:30 Uhr, So. u. feiertags10-22:30 Uhr

Der Obere Wirt zum Queri
Georg-Queri-Ring 9, Andechs-Frieding,
Tel. 08152/91830, www.queri.de,
Di.-So. und feiertags 11-23 Uhr

Inning

Die Gemeinde Inning genießt eine privilegierte Lage. Die Ortsteile grenzen gleich an zwei Seen, den Ammersee und den Wörthsee

Inning am Ammersee liegt im landschaftlich reizvollen Voralpenland und ist umgeben von ausgedehnten Wäldern. War das Dorf früher ein wichtiger Rastpunkt für Postkutschen und Salzfuhrwerke, ist es heute ein beliebtes Ausflugsziel. Am Ammersee zieht das Freibadgelände in Stegen mit seinem flachen Seeufer im Sommer viele Familien, aber auch Wassersportler an. In den Biergärten werden Besucher nicht nur mit leckerem Weißbier und bayerischen Schmankerln verwöhnt, sondern auch mit einem unvergleichlichen Panoramablick auf den „Bauernsee“. Stegen ist auch der Heimathafen der Bayerischen Seenschifffahrt und idealer Ausgangspunkt für eine Schiffstour über den Ammersee. Der idyllisch gelegene Wörthsee lockt ebenfalls viele Wassersportler und Erholungsuchende an. Für Landratten hat Inning eine besondere Attraktion zu bieten: Hier starten drei Routen als Teil des neu eröffneten Nordic-Walking-Parks, der insgesamt 280 Kilometer und 23 Routen aller Schwierigkeitsgrade zwischen Ammersee und Starnberger See umfasst.

Blick auf Stegen mit der Anlegestelle. Rechts: die Pfarrkirche St. Johannes Baptist. Unten: sommerliche Impressionen in Stegen

ZOG KAISER HEINRICH II. DER HEILIGE MIT 60000 MANN DURCH INNING NACH ITALIEN, WOBEI ER HIER ÜBER NACHT BLIEB

Stegen ist in Bewegung – in den letzten Jahren hat sich einiges getan am Nordufer des Ammersees. Der Uferbereich wurde verschönert, und jetzt zieht die Gastronomie nach. Auch in den kommenden Jahren plant die Gemeinde Inning umfangreiche Maßnahmen, um das Erholungsgebiet noch attraktiver zu gestalten.

1 FISCHER

Das Restaurant mit Café und Biergarten direkt am Dampferanlegesteg hat sich vor allem bei der Gestaltung des Außenbereichs ins Zeug gelegt. Hochwertige Holzstühle und Tische, dazu Ruheinseln mit Kissen und die neue Terrasse verströmen Gemütlichkeit und Clubatmosphäre. Der Innenraum ist modern gehalten, an kalten Tagen kann man sich in der Winterlounge am knisternden Holzofen im Fellsofa den Aperitif schmecken lassen. Die Speisekarte gibt sich passend zum Ambiente polyglott und trendig: Pasta, Thai-Gerichte, Salate und Crossover-Küche bieten viel Abwechslung. Die Weinkarte überrascht mit einer erfreulich großen Auswahl an offenen Gewächsen und einem sehr guten Angebot an guten Flaschenweinen aus Europa.

Blick über das Stegener Ufer mit den Alpen am Horizont. Rechts: die Terrasse vom Restaurant Fischer, Bootshaus und Blick zum Westufer

2 SEEHAUS SCHREYEGG

Die Traditionswirtschaft in Stegen ist eher im klassischen Stil mit holzgetäfelten Decken, goldenen Lüstern, großen Kachelöfen und schweren Vorhängen gehalten. Der Ausblick ist – wie überall in Stegen – allein einen Ausflug wert, wenn bei Föhn die Gipfel der Alpen scheinbar am Südufer in den Himmel ragen. Die ambitionierte Speisekarte spannt einen Bogen von bayerischen Schmankerln wie Ente mit Blaukraut bis zu Seeteufelmedaillons in Safranschaum und natürlich regionalen Fischspezialitäten.

3 ALTE BRAUEREI STEGEN

Die Alte Brauerei ist die Kultur- und Eventlocation am Nordufer des Ammersees. Die Veranstaltungen reichen von Konzerten, Lesungen bis zu Kabarettabenden. Legendär sind die regelmäßig veranstalteten Mottopartys, zu denen Gäste aus dem ganzen Umland anreisen, um bis in die Morgenstunden zu feiern. Besonders beliebt sind die Ü30-Partys, bei denen die bis zu 300 Gäste auf drei verschiedenen Ebenen tanzen, ratschen und flirten können. Tagsüber und an lauen Sommerabenden kann man im dicht bewachsenen Biergarten entspannen, im Bistro kleine Snacks und Gerichte genießen oder abends ins hauseigene Kino gehen.

Infos Stegen

Fischer
Landsberger Str. 79,
Tel. 08143/992800,
www.fischer-ammersee.com,
Mo.-So. 9-24 Uhr

Seehaus Schreyegg
Landsberger Str. 78,
Tel. 08143/992537,
www.seehaus-schreyegg.com,
tägl. ab 9 Uhr (Küche: 9-22 Uhr),
Nov. - Feb.: Di. Ruhetag

Alte Brauerei Stegen
Landsberger Str. 57,
www.ammerseer-brauhaus.com,
www.ammersee-events.com

Die Ammersee-Flotte der Bayerischen Seenschifffahrt: die RMS Diessen, die RMS Herrsching, die MS Augsburg und das Museumsschiff Andechs

Oldtimer zur See

Schaufelraddampfer – allein das Wort klingt schon nach guter, alter Zeit, nach ächzenden Zylindern eines uralten Schiffsdiesels, nach klackernden Ventilen und Ölgeruch. Wenn etwa die RMS Dießen mit dem behäbigen „Klapp-Klapp" der mächtigen Schaufelräder Fahrt aufnimmt und eine milde Brise durchs Haar streicht, ist das Nostalgiegefühl perfekt. Man stellt sich elegant gekleidete Damen mit weißen Sonnenschirmen vor, die von galanten Herren im Sonntagsanzug mit Schiebermütze und Schnauzbart über die Gangway zum sonntäglichen Ausflug geleitet werden.

UNTER DAMPF

Der Startschuss für die Dampfschifffahrt in der Region wurde 1851 gegeben, als in Starnberg der erste Raddampfer vom Stapel lief. Während auf dem Starnberger See heute eher die modernen Schiffe verkehren, allen voran das Flaggschiff, die MS Starnberg, sind auf dem Ammersee die nostalgischen Raddampfer unterwegs, die heute „Radmotorschiffe" (RMS) genannt werden. Das Prachtstück der Flotte ist ohne Zweifel die RMS Diessen, die 1908 gebaut wurde. Der Seitenraddampfer fuhr bis ins Jahr 1975 mit der alten Dampftechnik, die dann gegen moderne Dieselmotoren ausgetauscht wurde. Im Winter 2005/2006 wurde das Schiff komplett neu aufgebaut und mit modernem Komfort versehen. Bis ins kleinste Detail wurde das Jugendstilflair des knapp 50 Meter langen Dampfers erhalten. Die anderen Vertreter der Ammerseeflotte wirken zwar auf den ersten Blick auch, als hätten sie schon etliche Jahrzehnte Wasser unter dem Kiel, aber der Schein trügt: Die MS

Herrsching etwa ist 2002 gebaut worden und wird von zwei modernen Dieselmotoren mit je 510 PS angetrieben; nicht durch Dampf, wie die Dampfpfeife vermuten lassen könnte. Diese wurde allein der Nostalgie zuliebe installiert. Ganz gleich, auf welchem Schiff der Bayerischen Seenschifffahrt man unterwegs ist: Das gemächliche Dahingleiten über die Seen eröffnet neue Horizonte und Sichtweisen auf das Starnberger Fünf-Seen-Land.

Unterwegs am Westufer

Zwischen Eching und Dießen gehen die Uhren anders als am Ostufer des Ammersees. Das Leben auf der „schwäbischen Seeseite“ ist beschaulicher, landschaftlich aber umso reizvoller.

Die Bootshütten bei Schondorf am Nordwestufer des Ammersees versprühen mit ihren bunten Farben stets ein gewisses skandinavisches Flair.

Hochaltar der Filialkirche St. Jakobus in Schondorf, Richterstuhl in Greifenberg, Biergarten der „See Post" in Schondorf und das Strandbad in Eching

„OST-WEST-KONFLIKT"

Schon beim Dialekt der Einheimischen merkt man, dass am Westufer des Ammersees ein anderer Menschenschlag zu Hause ist. Ganz deutlich ist hier ein schwäbischer Einschlag zu vernehmen. Ähnlich wie am Starnberger See, besteht auch am Ammersee ein über Jahrhunderte gepflegtes Misstrauen zwischen den beiden Ufern. So galt es Mitte des 20. Jahrhunderts noch als völlig abwegig, dass ein Bauer aus Herrsching eine Frau vom Westufer ehelichte. Im Gegensatz dazu waren die Beziehungen der Klöster Andechs und Dießen durch ihre historischen Wurzeln meist harmonisch.

ST. JAKOBUS

Schondorfs hochromanische Kirche aus unverputztem Tuffstein gilt als eine der bedeutendsten hochmittelalterlichen Kleinkirchen in ganz Südbayern. Die Grundsteinlegung wird um das Jahr 1150 vermutet. Herzstück der katholischen Filialkirche ist der barocke Hochaltar, der im schlichten Interieur besonders gut zur Geltung kommt. Gezeigt wird der heilige Jakobus, links von ihm der heilige Markus und rechts die heilige Katherina. Der Namensgeber der Kirche deutet auf einen Zusammenhang mit dem Jakobsweg hin.

DER RICHTERSTUHL

Ein weiteres Relikt aus der Vergangenheit findet man in Greifenberg im Park nahe dem heutigen Altersheim: den Greifenberger Richterstuhl. Neben dem Schloss und der Schlosskapelle ist der steinerne Stuhl aus dem Jahr 1442, der bis 1959 vor dem Richteranwesen der Herren von Perfall als Wahrzeichen für deren Gerichtsbarkeit stand.

NATURSCHATZ: DAS AMPERMOOS

Im Norden des Ammersees erstreckt sich das Naturschutzgebiet Ampermoos. Wie das Vogelschutzgebiet im Süden rund um die Ammermündung, ist das rund 500 Hektar große Flusstal-Niedermoor zwischen Stegen und Grafrath ein wichtiges Brutgebiet für viele bedrohte Vogelarten. Von den dort vertretenen 240 Pflanzenarten stehen zehn auf der Roten Liste.

STRANDBAD UTTING

Der hölzerne Sprungturm im Uttinger Strandbad gehört wohl zu den am häufigsten fotografierten Bauwerken am Ammersee. Im Sommer gehört das Strandbad mit dem Biergarten und dem Kiosk zu den beliebtesten Plätzen. Stundenlang könnte man von unten zuschauen, wie die jungen Burschen mit geschwellter Brust ihre waghalsigen Sprünge vollführen. Für Wasserscheue bietet der Sprungturm zumindest eine erstklassige Aussichtsplattform mit einem wunderbaren Blick auf das Ostufer und die Alpen im Süden.

Infos Utting

Strandbad Utting
Seestr. 12 a, Tel. 08806/7680,
www.utting.de

Hochseilgarten Ammersee Utting
Freizeitgelände/Campingplatz
Tel. 08806/9234920,
www.hochseilgarten-ammersee.de

Künstlerhaus Gasteiger
Eduard-Thöny-Str. 43, Tel. 08806/699,
Apr.-Okt.: sonntags 14-17 Uhr

HOCHSEILGARTEN AMMERSEE

Ebenfalls schwindelfrei sollte man im Hochseilgarten Ammersee sein. Der Kletterpark mit einem dreizehn Meter hohen Piratenschiff, einem Kinderparcours und der „Team-Yacht“ bietet Nervenkitzel und viel Spaß an frischer Luft für kleine und große Kinder ab sechs Jahren. Unter der Anweisung des erfahrenen Kletterteams meistern selbst Ungeübte in kürzester Zeit die Attraktionen von der „Seilbahn zum Anker“ bis zur „Liane“ auf vier Ebenen – völlig sicher durch das zertifizierte Umlaufsicherungssystem in Europa.

KÜNSTLERHAUS GASTEIGER

Das Anwesen mit dem herrlichen Bauerngarten in Holzhausen war Anfang des 20. Jahrhunderts ein bedeutender Treffpunkt lokaler Künstler und Schriftsteller. Der bekannte Bildhauer Mathias Gasteiger und seine Frau Anna, selbst Blumenmalerin, bewohnten das Haus bis in die 1950er-Jahre. 1984 gelangte es an den Freistaat Bayern. Das dortige Museum zeigt Werke der Künstler im authentischen Jugendstilambiente.

Der Sprungturm in Utting ist fast schon zum Wahrzeichen für das Westufer des Ammersees geworden.

Nur fliegen ist schöner. Der zehn Meter hohe Sprungturm im Uttinger Strandbad ist im Sommer einer der Publikumsmagneten am Westufer.

334

SEGELSCHULE MARX

Die Fischerfamilie Marx ist schon seit Generationen mit dem Ammersee verbunden, seit einem Vierteljahrhundert betreibt Klaus Marx die Segelschule in Utting. Neben der Segelschule werden auch Kielzugvögel oder Kajütboote zu fairen Preisen vermietet. Für Veranstaltungen steht die elf Meter lange Hochseejacht „Hanni“ zur Verfügung, die vom vollbärtigen Kapitän Marx gesteuert wird.

ALTE VILLA – WIRTSHAUS & BIERGARTEN

Die „Alte Villa“ ist vor allem in Kleinkunstkreisen ein fester Begriff. Im Sommer locken die Jazz- und Dixie-Sessions nicht nur Jazzfreunde in den Biergarten. Darüber hinaus sind immer wieder auch lokale Musiker zu erleben wie etwa der Tigerwilli aus Steinebach. Darüber hinaus sind auch bayerische Blasmusik und lokale Musiker zu hören. Seit 2016 sorgt Bernd Pickl für das leibliche Wohl der Gäste. Der gelernte Metzger präsentiert die Alte Villa als gut bürgerliches Wirtshaus.

Infos Utting

Segelschule Marx
Seestr. 17, Tel. 08806/7704,
www.segelschulemarx.de

Alte Villa
Seestr. 32, Tel. 08806/617,
www.alte-villa-utting.de.
Mo. 14-24 Uhr, Mi.-Fr. 14-24 Uhr,
Sa., So. und feiertags 10-24 Uhr

Links: die Segelschule Marx am Uttinger Strandbad. Unten: Impressionen aus Schondorf. Oben: Jazz-Frühschoppen in der Alten Villa

Dießen

Der malerische Ort am südwestlichen Ende des Ammersees ist weithin bekannt für Handwerk, Kunst und Kultur

Vor mehr als 100 Jahren entdeckten zahlreiche Künstler – Maler, Musiker und Schriftsteller – den stillen Markt am Ammersee für sich und erkoren das charmante Fischerdorf zu ihrer Wirkstätte. Carl Spitzweg verbrachte hier viel Zeit, und Gäste können heute das Carl-Orff-Museum und das Fritz-Winter-Atelier besuchen. Aber auch Kunsthandwerker, vor allem Töpfer und Zinngießer, machten Dießen mit seinen vier Ortsteilen über die Gemeindegrenzen hinaus bekannt. Zu Christi Himmelfahrt zieht der Dießener Töpfermarkt alljährlich Zehntausende von Besuchern an. Vor allem Wasserratten fühlen sich in Dießen rundum wohl: Nach einem erfrischenden Bad im Ammersee geht es auf einen Segeltörn mit einmaligem Zugspitzpanorama. Die Seeanlagen laden dann zum entspannten Dösen im kühlen Schatten ein. Auch die ältere Geschichte ist überall spürbar: Zeugnis der frühen Bedeutung Dießens geben die alten Klosteranlagen und das Marienmünster, eine der großartigsten Barockkirchen Süddeutschlands, mit ihrem „Dießener Himmel".

Der Dießener Töpfermarkt. Rechts: Blick auf das Marienmünster. Unten: Zinngießer-Kunst und Liebe zum Detail prägen das Ortsbild

Zinn-Café
geöffnet

DIE AMMERMÜNDUNG

Landschaftlich ist die Region rund um Dießen sicherlich einer der reizvollsten Flecken am Ammersee. Von internationaler Bedeutung ist das Vogelschutzgebiet zwischen Dießen und Fischen. Nach der „Ramsar Konvention“ von 1971 ist das Ammerseegebiet ein „Feuchtgebiet von internationaler Bedeutung“ und zudem Europäisches Vogelschutzgebiet. Über 300 Vogelarten wurden hier gesichtet, davon knapp 150 Brutvogelarten. Jahr für Jahr ziehen hier Zigtausende von Zugvögeln durch, in den Wintermonaten steigt der Bestand der Wasservögel sogar um das Zehnfache. In den ausgedehnten Streuwiesen und Flussauen finden teilweise extrem seltene und bedrohte Vogelarten wie der Säbelschnäbler, der Purpurreiher oder die Uferschnepfe Zuflucht. Trotz strikter Begehungsverbote von März bis August und der Aufsicht durch hauptamtliche Gebietsbetreuer nehmen die Populationen seit der Erfassung Ende der 1960er-Jahre kontinuierlich ab. Ein wesentlicher Fortschritt, um den empfindlichen Lebensraum der Vögel weiter zu entlasten, ist die Errichtung der Beobachtungsplattform bei Dießen. Von dem Holzturm, der von der Verbindungsstraße nach Fischen über einen Bohlenweg zu erreichen ist, haben seit März 2010 Hobbyornithologen und Naturliebhaber beste Einblicke in das Naturschutzgebiet. Zahlreiche Schautafeln informieren dort detailliert über die Vogel- und Pflanzenwelt.

Links: Blick in Richtung Andechs. Unten: Störche in Raisting und ein Säbelschnäbler im Vogelschutzgebiet. Oben: Morgenstimmung in Dießen

DAS DIESSENER MARIENMÜNSTER

Das Marienmünster Mariä Himmelfahrt wurde nach längerer Bauplanung von 1720 bis 1739 vom renommierten Barockbaumeister Johann Michael Fischer als Klosterkirche des Augustinerchorherrenstifts neu errichtet. Das Kirchenschiff zählt zu den bedeutendsten Raumkunstwerken Bayerns im 18. Jahrhundert. Für

Beeindruckend sind auch die Deckenfresken von Johann Georg Bergmüller, die wie ein überdimensionales Buch in filigranen Darstellungen die Geschichte des Klosters wiedergeben. Nach umfangreichen Renovierungsarbeiten wurde das Dießener Marienmünster im November 2010 mit einem festlichen Gottesdienst wiedereröffnet.

dessen üppige Gestaltung konnten die besten zeitgenössischen Maler, Stuckateure und Bildhauer aus München, Augsburg und der Wessobrunner Schule gewonnen werden.

Beim Betreten des 70 Meter langen Prachtbaus fällt der Blick zuerst auf den riesigen Hochaltar mit dem acht Meter hohen Gemälde, auf dem die Himmelfahrt Marias dargestellt ist.

DIE WINTERKIRCHE IM STALL

Im Kontrast zum opulenten Barockbau steht die Winterkirche St. Stephan gleich links neben dem Haupteingang zum Marienmünster. In den ehemaligen, 350 Jahre alten Pferdestallungen des Augustinerchorherrenstifts wurde die schlichte, fast romanisch anmutende Kirche mit dezent modernen Stilelementen errichtet.

Blick in das rund 70 Meter lange Hauptschiff des Marienmünsters Mariä Himmelfahrt. Rechts: Außenansicht und die Winterkirche St. Stephan

❶ WIRTSHAUS AM KIRCHSTEIG

Wirtin Christine Hirschberger selbst spricht von „bäuerlicher Weltküche", die da im urbayerischen Wirtshaus an den gemütlichen Holztischen oder im Jugendstilnebenzimmer serviert wird. Das köstliche „Manzo brasato" (Foto) mit Polenta spiegelt den italienischen Einfluss wider. Als Vorspeise gibt es auch mal eine köstliche indische Linsensuppe. Aber auch wenn Gelüste nach einem ordentlichen Schweinsbraten aufkommen, ist man hier bestens aufgehoben. Am nächsten Tag steht dem Küchenteam der Sinn nach französischer Küche: die Bouillabaisse mit hausgemachter Sauce Rouille sollte man sich nicht entgehen lassen. Dazu ein Gläschen Sauvignon an einem lauen Abend im Biergarten – mehr braucht es nicht zum „bäuerlichen Weltgenuss".

Das Wirtshaus am Kirchsteig in St. Georgen. Rechts: Der Dießener Taubenturm und das Marienmünster. Unten: die Schatzbergalm

❸ SCHATZBERGALM

Dieser Platz hat alles, was ein Ausflugslokal ausmacht: eine traumhafte Lage mitten in der Natur zwischen Wald und Wiesen, einen fantastischer Blick auf den See und Berge und zu guter Letzt noch einen Biergarten sowie eine urige Stube mit bodenständiger Küche. Allein schon der Weg von Dießen aus über das Marienmünster ist ein Genuss für sich. Oben angekommen, verwöhnen die Wirtsleute und ihr Team die Gäste selbst bei großem Ansturm stets herzlich. Die klassisch bayerische Küche lässt keine Wünsche offen: vom Wurstsalat bis zum frischen Schweinsbraten reicht das umfangreiche Angebot.

❺ GALERIE TAUBENTURM

Der Taubenturm am unteren Ende der Klosteranlage hat seit seinem Bau Anfang des 17. Jahrhunderts eine bewegte Geschichte hinter sich. Anfangs diente das Gebäude als Teil des Ökonomiehofs des Klosters als Torturm, um unliebsame Gäste fernzuhalten. Nach mehreren Umbauten im Laufe der Jahrhunderte fiel nach der Säkularisierung 1803 der Turm samt Kloster an den Freistaat. Der wiederum verkaufte ihn an eine Kaufmannsfamilie. 1925 erwarb der Heimatverein den Turm, ab 1993 wurde dort ein Museum eingerichtet. Seit 1997 finden in den drei großen Räumen in den Sommermonaten werden dort regelmäßig Ausstellungen statt. Vom obersten Stockwerk hat man zudem einen herrlichen Blick auf Dießen und den Ammersee.

Infos Dießen

Wirthaus am Kirchsteig
Am Kirchsteig 30 (im Ortsteil St. Georgen), Tel. 08807/7286, www. wirtshausamkirchsteig.de, Mo., Do., Fr. und Sa. ab 18 Uhr, So. und feiertags ab 11 Uhr

Schatzbergalm
Ziegenstadel 11, Tel. 08807/6780, www.schatzbergalm.de, Mi.-So. 11-21 Uhr

Taubenturm Infos über die Tourist-Info-Dießen, Tel. 08807/1048, www.heimatverein-diessen.de oder www.diessen.de

Der Wörthsee

Wenn der Starnberger See die Badewanne der Münchner ist, dann kann man den Wörthsee getrost als Karibik des Starnberger Fünf-Seen-Lands titulieren – nicht nur aus der Luft betrachtet. Der See ist maximal 34 Meter tief und somit im Sommer schnell erwärmt. Wie es sich für die „Karibik“ gehört, darf auch eine Insel nicht fehlen – in diesem Fall ist es die Insel Wörth, auch „Mausinsel“ genannt. Der Sage nach flüchteten die Schlossherren der Umgebung (wahrscheinlich die Grafen zu Toerring-Jettenbach von Schloss Seefeld, in deren Besitz die Insel heute noch ist)

vor einer Mäuseplage auf die Insel. Mit einem geliehenen Ruder- oder Elektroboot kann man den See am besten erkunden, sollte aber dabei den Mindestabstand zu den geschützten Uferzonen beachten. Im Sommer wie im Winter spielt sich das Leben in und rund um Steinebach mit seinen Strandbädern, dem Hafen und der Uferpromenade ab. Besonders reizvoll ist auch der Bereich um Bachern mit seinem Naturhafen. Rund um den Wörthsee laden zudem einzigartige Buchenwälder zu einsamen Spaziergängen in einer ursprünglichen, vielfältigen Landschaft.

Wörthsee

Nur wenige Autominuten von München entfernt, hat sich der Wörthsee zum idyllischen Geheimtipp gemausert

Der Ort Wörthsee liegt am Nordufer des drittgrößten Sees im Fünf-Seen-Land – dem Wörthsee. Schon früh war der See ein beliebtes Freizeitparadies, da er im Frühjahr schnell warm wird und im Winter schnell zufriert. Bekannt wurde besonders der Ortsteil Steinebach durch das Strandbad Fleischmann. Vor fast 100 Jahren entstand hier das erste Freibad mit einem riesigen Sprungturm und einer acht Meter langen Wasserrutsche, die aus den USA importiert wurde. Das „Fleischmann" gibt es noch heute – wenn auch ohne Rutsche und Sprungbrett und um einiges kleiner. Hinzu gekommen sind zahlreiche Biergärten für Badegäste und Wanderer, die die rund dreistündige Tour rund um den See genießen. Seinen Namen hat der frühere Ausee von „seiner" Insel, mittelhochdeutsch: „Werth". Auf dem im Volksmund „Mausinsel" genannten Kleinod gibt es noch heute ein Sommerschlösschen. Die Insel ist allerdings im Privatbesitz. Auch im Winter hat der See mit seiner glatten Eisfläche seinen Reiz. Dann tummeln sich Schlittschuhläufer, Eishockeyspieler und Eissegler auf dem See.

Vom Boot aus offenbart der Wörthsee seine kleinen Paradiese. Rechts: genussvolle Momente am See, wo es im Sommer noch beschaulich zugeht

DN
G 802

PARADIES IM KLEINFORMAT

Am Wörthsee lässt sich vielleicht am besten im Starnberger Fünf-Seen-Land erahnen, wie die bäuerlichen Strukturen vor 100 Jahren die Region geprägt haben. Kleine verschlafene Dörfer lagen verstreut zwischen Hügeln, Wäldern und Wiesen. An den besonderen Plätzen am See bauten sich Münchner Künstler und Industrielle schmucke Villen. Zum See gelangte man nur mit dem eigenen Fuhrwerk oder mit dem Radl – so blieb der knapp vier Kilometer lange Wörthsee vom großen Ansturm aus München weitestgehend verschont. Auch heute geht es am Wörthsee eher beschaulich zu, man ist unter sich, und die Atmosphäre ist familiär vertraut.

Im Winter kann es an den wenigen Tagen, an denen der See eine sicher tragende Eisdecke hat, schon mal etwas zugehen. Dann strömen aus allen Himmelsrichtungen Schlittschuhfahrer, Eishockeyspieler, Eissegler und überhaupt jeder an den See, der laufen kann. In Steinebach werden Schneebars aufgebaut, und es herrscht Partystimmung.

Beschaulicher geht es sommers wie winters abseits der Uferbereiche zu. Um den Wörthsee liegen zwischen Walchstadt und Bachern oder Steinebach und Weßling mit die schönsten Buchenwälder in der Region. Gerade wenn die ersten Blätter sprießen, oder wenn im Herbst diese wieder fallen, ist ein Spaziergang dort wie eine Farbtherapie unter freiem Himmel.

Der Badesteg im Erholungsgebiet Oberndorf. Links unten: Winterimpressionen auf dem Wörthsee. Rechts: heile Welt – Bootstour mit Dame bei Bachern

1 RAABE AM SEE

Das Restaurant an der Uferpromenade von Steinebach blickt auf eine lange Familientradition zurück. Bereits 1911 erwarb Karl Raabe (ein Urahn von Thomas Bernhard, dem heutigen Besitzer) das landwirtschaftliche Anwesen mit Gastwirtschaft. 1913 wurde an dieser Stelle die erste Badeanstalt in Steinebach erbaut. Heute hat die Terrasse mit Lounge bei Sonnenanbetern den Ruf als „schönste Terrasse am See".

Sehr großen Stellenwert hat die regionale, durchwegs ökologische Küche des Hauses, die seit 2007 bio-zertifiziert ist. Das Team von Maria und Thomas Bernhard zaubert im hellen Ambiente eine leichte wie bodenständige Küche. Maria bringt dank ihrer gastronomischen Erfahrung in verschiedenen renommierten Spitzenküchen von München bis Zürich ihre persönliche Note feiner Kochkunst unprätentiös mit ein. Kombiniert mit erstklassigen Produkten aus der Region, wird der Besuch so zum kulinarischen Vergnügen.

Für Badegäste ist im Strandbad Raabe bestens gesorgt! Hier lässt sich auf den Badestegen und Liegepodien das schöne Wetter genießen und das Wasser kann man dank des Bootsverleihs wahlweise mit Ruder-, Tret- oder Elektrobooten erobern. Sportliche Wasserratten können sich hier auch Stand-Up-Paddles sowie 1er- und 2er Kajaks ausleihen. Am Kiosk sind neben Eis und Getränken auch Angelscheine erhältlich.

Steg beim Raabe am See. Rechts oben: Blick auf den Wörthsee vom 1. Stock des Restaurants Rabe am See. Rechts unten: Impressionen am Wörthsee

③ PARADIESWINKEL GASTHOF WOERL

Der Paradieswinkel am Südufer des Wörthsees ist seit Jahrzehnten einer der Anlaufpunkte in Sachen Badevergnügen und Biergarten. Der T-förmige Steg ist inzwischen fast schon ein Markenzeichen geworden und sorgt auch von der schattigen Terrasse für beste Ausblicke. Durch die etwas unscheinbare Lage neben dem Campingplatz ist das Gasthaus Woerl gerade bei Einheimischen beliebt, wenn es darum geht, am Abend noch schnell auf ein Schnitzel und ein schönes Weißbier vorbeizuschauen. Dank großzügiger Platzverhältnisse findet man aber auch an den Wochenenden stets ein Plätzchen am See mit Blick auf ein Stückchen „bayerische Karibik".

Infos Wörthsee

Raabe am See, Steinebach
Seestr. 97, Tel. 08153/7205, www.raabe-am-see.de, Täglich ab 9:30 Uhr, warme Küche 11:30-22 Uhr, Okt.-Apr. Dienstag Ruhetag

Gasthof Woerl, Paradieswinkel
Wörthseestr. 25 (Seefeld), Tel. 08152/76445, www.paradieswinkel.de, Geöffnet von Ende März bis Ende Oktober täglich 8-23 Uhr

Der Pilsensee

Für Besucher, die das Starnberger Fünf-Seen-Land über die Lindauer Autobahn erobern, gestaltet sich gleich die Anfahrt zum Genuss: Von Weßling aus führt vorbei an Gut Delling und Meiling die Eichenallee mit ihren über 200 Jahre alten Baumriesen. Am Ende des Naturdenkmals erwarten einen schließlich die nächsten Höhepunkte: der Pilsensee und das darüber gelegene Schloss Seefeld. Umrahmt ist der See von kleinen Dörfern und reizvollen Waldgebieten. Widdersberg oberhalb des Ostufers etwa ist ein kleines Örtchen, das mit seinen prächtigen Villen und

alten Bauernhöfen wie geklebt am steilen Hang liegt. Von der St.-Peter-und-Paul-Kirche im Seefelder Ortsteil Oberalting erreicht man über ein wild verschlungenes Tal den Badbichl und schließlich den Osterberg mit seinem Kreuz oberhalb von Drößling. Von hier aus hat man einen perfekten Panoramablick auf das Umland in Richtung Frieding, Seefeld und Unering mit seinem idyllischen, von Trauerweiden umrahmten Dorfweiher. Am Pilsensee konzentriert sich das Leben im Sommer auf den Campingplatz sowie die Strandbäder in Hechendorf und am Ostufer.

Seefeld

Seefeld ist bekannt für das Schloss mit dem bunten kulturellen Angebot, für die ursprünglichen Dörfer und die Eichenallee

Ein prächtiger Anblick ist das Seefelder Schloss oberhalb des Pilsensees. Es gehört zu den bedeutendsten Schlossanlagen des Starnberger Fünf-Seen-Lands und ist – wie der Pilsensee und der Wörthsee – seit rund 450 Jahren im Besitz der Grafen zu Toerring-Jettenbach. Inzwischen beherbergt Schloss Seefeld viele Handwerker und Künstler: Sie sorgen zusammen mit dem Kino Breitwand und dem Bräustüberl für ein buntes Treiben auf dem Schlossgelände. Die „Kunsthalle Schloss Seefeld" bietet eine beeindruckende Plattform für zeitgenössische Kunst. Unter Schatten spendenden Bäumen lässt es sich im Schlosshof gemütlich pausieren. Der Pilsensee wird seit jeher für die Fischerei genutzt. Ausflügler und Einheimische wissen den See mit seinen Strandbädern, aber auch als Naherholungsgebiet zu schätzen. Graf Anton Clemens zu Törring hat die Region eine der schönsten Eichenalleen Deutschlands zu verdanken, die mittlerweile zum Naturdenkmal erklärt wurde. Die bis zu 240 Jahre alten Baumriesen beschatten die Staatsstraße nach Weßling.

Die Eichenallee zwischen Weßling und Seefeld. Rechts: Schloss Seefeld. Unten: sommerliche und winterliche Aktivitäten auf dem Pilsensee

❶ TORBOGEN ATELIER

Gleich am Eingang zu Schloss Seefeld liegt Nele Sparis Atelier. Die gelernte Goldschmiedin fertigt Schmuck aus „Fundstücken“ wie Schmetterlingen oder Federn, die sie hinter Bergkristalle fasst. Sie inszeniert Antiquitäten, Vasen oder Hirschgeweihe in einem neuen, stets erfrischend-frechen Kontext. Ihre Werke reichen von der individuellen Halskette bis zu extravagant „wiederbelebten“ Möbeln.

❷ BRÄUSTÜBERL SCHLOSS SEEFELD

Moderne bayerische Küche, echtes Schlossambiente unter Rundbögen und dazu ein frisch gezapftes Graf-Toerring-Bier, ob im „Bräustüberl“ mit den alten Sudkesseln oder im Biergarten des Schlosshofs – die Wirtsleute Ursula und Roland Hartmann sorgen mit ihrem Team in Service und Küche für besondere Genusserlebnisse. Die reichhaltige Karte bietet bodenständige Klassiker wie auch gehobene Küche bis zum mehrgängigen Festmenü. Besonders beliebt sind die Themenwochen mit Spezialitäten aus aller Welt – von exotisch bis fränkisch, Chefkoch Roland Hartmann weiß die Klaviatur der heimischen wie internationalen Küche gekonnt zu spielen.

Das Entree mit dem Torbogen-Atelier. Rechts: Goldschmiedemeister Ulf Minow und Bettina Siegmund. Unten: das Kino Breitwand und das Bräustüberl

3 ATELIER MINOW

Ulf Minow hat sich der klassischen Golfschmiedekunst verschrieben und fertigt Pretiosen aus Gold, Silber und Platin. Der Goldschmiedemeister kombiniert dabei Kreativität und Perfektion. Seine puristischen Schmuckstücke setzen mit dezent arrangierten Edelsteinen Glanzpunkte.

4 KINO BREITWAND

Das Kino Breitwand steht mit seiner „Kino Lounge" für Programmkino in entspannter Atmosphäre. Abgerundet wird das Programm durch Lesungen oder Livemusik. Neben den aktuellen Kinofilmen können Kenner nach einem entspannten Glas Wein auch Autorenfilme, Originalfassungen oder Dokumentarfilme genießen.

5 ATELIER ALICE TOERRING

Im rechten Teil des Schlosstorbogens hat Gräfin Alice zu Toerring-Jettenbach ihr Atelier für individuelles Fliesendesign, Mosaik und Majolika-Malerei.

6 DIE KUNSTWERKSTATT

Die Vergoldemeisterin Bettina Siegmund veredelt Bilder- und Spiegelrahmen und restauriert Antiquitäten. Zudem gestaltet die Künstlerin mittels Schellackpolitur und Marmorieren alte und neue Wohnobjekte.

Infos Schloss Seefeld

Allgemeine Informationen und Links zu Kultur und Gewerbe unter www.schloss-seefeld.de

Torbogen Atelier Nele Spari
Tel. 08152/980594 und 0173/6603963. www.torbogen-atelier.de

Bräustüberl Schloss Seefeld
Tel. 08152/99120, täglich 10-24 Uhr, www.braeustueberl-seefeld.de

Atelier Minow Tel. 08152/980469, www.atelier-minow.de

Kino Breitwand Tel. 08152/981898, www.breitwand.com

Die Kunstwerkstatt Tel. 08152/794932, www.die-kunstwerkstatt.net

Atelier Alice Toerring
Tel. 08152/70893, 0172/8583367

Halt !

Sommermorgen am Badesteg des Strandbads in Hechendorf am Westufer des Pilsensees mit Blick in Richtung Südosten

Weßling

Weßling steht für Tradition und Fortschritt. Vor allem beliebt ist der Ort durch den Weßlinger See, den kleinsten der fünf Seen

Das „Herz von Weßling" ist nass, aber nicht kalt, lautet die Devise der Weßlinger. Der kleinste der Seen im Starnberger Fünf-Seen-Land verdankt seinen Beinamen nicht nur seiner Form, er ist zugleich Mittelpunkt des Dorfes. Im dunklen Seewasser spiegelt sich der Zwiebelturm der Christkönigkirche. Nicht weit entfernt bahnen sich Vögel einen Weg durch das Schilfgebiet am Ufer. Hier am Weßlinger See, finden Besucher unberührte Natur. Etwa eine gemütliche halbe Stunde dauert der Rundweg um den See mit einigen Sitz- und Einkehrmöglichkeiten. Weßling gilt als Künstlerdorf, denn viele Maler, darunter auch Pierre-Auguste Renoir, haben den See besucht. Das Seeufer schmücken zahlreiche Skulpturen aus einem Bildhauerwettbewerb. Auch der Arzt Alois Alzheimer, der die nach ihm benannte Krankheit entdeckte und erforschte, lebte in Weßling. Mit dem Deutschen Zentrum für Luft- und Raumfahrt (DLR) hat die Moderne Einzug gehalten. In Oberpfaffenhofen befindet sich eines der beiden Hauptkontrollzentren des Satelliten-Navigationssystems Galileo.

Blick auf den Weßlinger See. Rechts: der markante Turm der Christkönigkirche. Unten: Kunst und Naturgenuss am und rund um den See

Traumpfade

Gerade wer das Starnberger Fünf-Seen-Land aus dem Sattel oder zu Fuß erkundet, kann viel Neues, Schönes und Unbekanntes entdecken – Entschleunigung ist Trumpf!

Für automobile Touristen sind einige der schönsten Plätze im Starnberger Fünf-Seen-Land schlichtweg unsichtbar. Zu weit entfernt die Straße, zu hoch das Tempo, die Insassen abgeschottet, man saust dahin wie blind. Ganz anders auf dem Fahrrad. Alle paar Pedalumdrehungen ein schöner Ausblick, eine neue Entdeckung.

Hier der urige Biergarten, da der kleine Laden des Fischers, dort die verschwiegene Badebucht oder der traumhafte Bergblick. Wer die vielen Details dieser bayerischen Bilderbuchlandschaft kennenlernen möchte, hautnah und mit allen Sinnen, der sollte zuerst das Tempo reduzieren: Raus aus dem Auto, rein in den Sattel! Das Starnberger Fünf-Seen-Land macht es Radtouristen leicht: Es gibt viele verkehrsfreie Wege, oft direkt an den Seeufern entlang, durch weitläufige Parks und eine abwechslungsreiche, immer wieder überraschende Landschaft. Auf den folgenden Seiten haben wir einige der reizvollsten Radausflüge zwischen Starnberger See und Ammersee beschrieben, die sich natürlich auch bestens zu Fuß erkunden lassen. Die Radtouren sind allesamt einfach zu fahren, familien- wie seniorentauglich, und legen den Schwerpunkt weniger auf sportliche Ertüchtigung als auf das genussvolle Entdecken dieses zauberhaften Landstrichs. Auch Ortsfremde können unbesorgt losstrampeln. Die gastfreundliche Region hat ihr Streckennetz für Radler und Wanderer gut ausgebaut und klar beschildert. Verfahren ist also fast unmöglich. Und sollten einmal die Kräfte schwinden – der nächste Bahnhof oder die nächste Bootsanlegestelle sind meist nicht weit.

Die Kette geölt, die Stiefel geschnürt – schon kann es losgehen auf eine spannende Entdeckertour. So finden selbst Kenner immer wieder Neues.

1 DER KLASSIKER: RUND UM DEN STARNBERGER SEE

Der Klassiker schlechthin ist die 54 Kilometer lange Umrundung des Starnberger Sees. Eine herrliche (Halb-)Tagestour für Groß und Klein, mit vielen Einkehr- und Bademöglichkeiten und traumhaften Ausblicken auf See und Alpenkette. Da kaum Anstiege und schwierige Streckenabschnitte zu bewältigen sind, kann sich beinahe jeder diese Tour zutrauen. Wer mag, kann auch eine Teilstrecke mit dem Dampfer zurücklegen (Saisonzeiten beachten!) oder mit der Bahn von Seeshaupt oder Tutzing aus abkürzen. Los geht's am **S-Bahnhof Starnberg**, direkt an der Seepromenade. Ein Rad- und Fußweg führt ostwärts Richtung Percha, vorbei am Bayerischen Yacht-Club, dem städtischen Schwimmbad und dem Gelände der Rambeck-Werft. Gleich danach beginnt das Freizeitgelände Kempfenhausen mit großer Liegewiese, Badestrand und einem weit in den See hineinragenden Holzsteg, einer der Paradeplätze für Panoramagenießer. Weiter geht es durch das weitläufige Freizeitgelände und über einen schmalen Uferweg zum Hotel **Schloss Berg** mit seinem Biergarten direkt am See. Der kleinen Straße weiter folgen, dabei aufwärts halten, und an Schloss Berg vorbei, der ehemaligen Sommerresidenz von König Ludwig II. Ganz in der Nähe fand der bayerische „Märchenkönig" seinen bis heute mysteriösen Tod. Wir erreichen die Stelle, die im Wasser durch ein Kreuz gekennzeichnet ist, nach einer kurzen Fahrt durch den Schlosspark mit seinem alten Baumbestand. Oberhalb des Kreuzes befindet sich eine **Votivkapelle**, deren Grundstein Prinzregent Luitpold am 10. Todestags des Königs legte. Nach wenigen hundert Metern verlassen wir den schattigen Schlosspark in südlicher Richtung und gelangen zur Simmerdingwerft und nach **Leoni**.

AM STILLEN OSTUFER

Eine schmale Seeuferstraße führt nun kontinuierlich Richtung Süden. Kurz hinter dem Seehotel **Leoni** und dem Fischer Gastl (mit Bootsverleih) ist die Straße für den allgemeinen Verkehr gesperrt, sodass kaum noch Autos, dafür aber umso mehr Radler

Oben: erste Rast am Ostufer, Schloss Berg, einstige Sommerresidenz König Ludwig II., mit seinem Biergarten direkt am Seeufer

und Spaziergänger auftauchen. Dicht am Ufer mit seinen vielen kleinen Badebuchten und Ruhebänken entlang, führt die Strecke durch schattige Waldstücke und an malerischen alten Villen und Bootshäusern vorbei Richtung **Ammerland**. Während man rechter Hand immer wieder auf Taucher trifft, die sich für einen Besuch der heimischen Unterwasserwelt und der Steilwand von **Allmannshausen** rüsten, tauchen linker Hand das Schloss Unter-Allmannshausen und das Schloss Seeburg auf. Beide dienen heute dem evangelischen Missionswerk „Wort des Lebens" als Jugendfreizeitstätte und sind darüber hinaus ein kleiner Geheimtipp für Hotelentdecker: Zu verträglichen Preisen kann man hier auch ganz ungezwungen Schlossurlaub machen, direkt am See, weitab vom üblichen Touristenrummel, aber mit vielen Freizeitmöglichkeiten.

IM GARTEN DES FISCHERS

Ein paar Kilometer weiter – immer noch auf der Uferstraße – erscheint das Ortsschild von **Ammerland**. Das Dorf birgt einen kulinarischen Schatz, der sich so langsam auch bei den „Zuagroastn" herumspricht: den Fischer Sebald mit seinem kleinen Spezialitätenladen und dem gemütlichen Biergarten. Das Angebot des Fischers zieht Gourmets aus dem ganzen Landkreis an und stillt aufs Vortrefflichste den Hunger auch der fleißigen Radler. Immer köstlich: frisch geräucherter Saibling und Renke aus dem Starnberger See, die urigen Fischpflanzerl und die Eigenkreation des Herrn Sebald: Saibling auf Matjes-Art.

Was muss mit auf Tour?

Touren im Starnberger Fünf-Seen-Land sind mit fast jedem Drahtesel zu schaffen. Mountainbikes, Trekking- und Tourenräder sind bestens geeignet für die überwiegend gut ausgebauten, einfach zu fahrenden Wege. Mit funktioneller Radbekleidung inklusive Helm und Brille fährt man bequem und sicher. Flickzeug und Pumpe sollten immer an Bord sein, und im Sommer den Sonnenschutz nicht vergessen!

KURS SEESHAUPT

Frisch gestärkt radeln wir weiter südwärts, vorbei an schmucken Gründerzeitvillen, und erreichen nach wenigen Kilometern **Ambach**. Das bereits im Jahre 800 erwähnte Fischerdorf hat sich seinen ländlichen Charme bewahrt. Alles atmet hier eine gewisse Ruhe, die nur gelegentlich vom Horn des Dampfers oder den an- und abreisenden Gästen des Wirtshauses **„Fischmeister“** unterbrochen wird. Zuvor sieht man linker Hand ein künstlerisches Kleinod – ein reich ornamentiertes Hoftor aus dem Jahre 1894. Ein Münchner Kunstprofessor ließ es aus Siebenbürgen für seine von dort stammende Frau heranschaffen. Die dazugehörige Villa wurde später von Waldmar Bonsels bewohnt, dem „Vater“ der Biene Maja. Die unvergessliche Melodie summend, begeben wir uns auf das letzte Teilstück nach Seeshaupt, dem Scheitelpunkt unserer Starnberger-See-Umrundung. Nach wenigen Minuten auf der Seeuferstraße geht es rechts ab auf einen Fuß- und Radweg, der das weitläufige **Freizeitgelände Ambach** mit seinen Liegewiesen und langen Stränden durchquert. Am Ende des parkähnlichen Geländes wartet linker Hand der urige **„Buchscharner“** auf seine Gäste – ein ehemaliger „Kleinhäuslerhof“ aus der Tiroler Wildschönau, der Stück für Stück dort abgebaut und hier aufgebaut wurde. Durch kleine Waldstücke und über den jüngst verschönerten Radweg am See gelangen wir nach **St. Heinrich** und am Vogelschutzgebiet entlang zum Ortseingang von **Seeshaupt**.

An der markanten S-Kurve mitten im Ort geht es rechts hinab zum Dampfersteg. Noch etwa 100 Meter weiter liegen rechter Hand der kleine Biergarten der Fischerfamilie Lidl und das **„Würmseestüberl“**. Abseits des turbulenten Durchgangsverkehrs kann man hier die Füße ins Wasser stecken, etwas Kühles trinken und den weiteren Verlauf des Tages planen. Wer müde ist, kann in der Saison vom Dampfersteg aus nach Starnberg oder Tutzing übersetzen.

Oben: der legendäre „Fischmeister“ in Ambach mit dem Dampfersteg. Unten der Buchscharner Steg bei St. Heinrich

Radeln unter Strom

Die Händler jubeln, die Käufer auch: Elektrofahrräder haben sich zu einem gewaltigen Boom entwickelt und öffnen auch weniger trainierten Radlern die schöne Welt der Fahrradtouren. Der Vorteil der Elektroräder („Pedelecs") liegt darin, dass man sich vor kräfteraubenden Anstiegen, Gegenwind oder längeren Distanzen nicht mehr fürchten muss. Ein kleiner Elektromotor und ein Akkupack sorgen dafür, dass man die gesamte Tour wie mit Rückenwind fahren kann. Man muss durchaus noch treten, doch der kleine elektrische Freund macht das Leben ein wenig leichter – gerade auch für Senioren, für Menschen mit gesundheitlichen Problemen und für alle, die trotz unterschiedlicher Kondition gemeinsam auf Tour gehen möchten. Natürlich kann man mit einem Pedelec jede unserer Radeltouren fahren. Hier ist jedoch ein Tourenvorschlag, der die Vorteile des Hilfsantriebs deutlich macht.

BERGAUF, BERGAB INS ISARTAL

Vom **S-Bahnhof Starnberg** geht es zunächst ostwärts nach **Percha** und **Kempfenhausen**. Dort queren wir die Hauptstraße und fahren bergauf, an der Marianne-Strauß-Klinik vorbei, in östlicher Richtung ins Manthal. Weiter auf der kleinen Straße Richtung **Neufahrn**, die kurz darauf in den Wald führt. Auch hier gibt es einen längeren Anstieg, den man aber dank elektrischer Unterstützung kaum noch zur Kenntnis nimmt. In Neufahrn an der Hauptstraße rechts, am Ortsende wieder rechts halten. Über einen Wirtschaftsweg geht es nach **Zell**. Kommt da eine Steigung? Egal, man kann sie schlicht verges-

sen. In **Ebenhausen** erreichen wir die B 11, fahren ein kurzes Stück links und biegen dann rechts in die Straße zum **Kloster Schäftlarn** ab. Sausend geht es bergab zur großen Benediktinerabtei. Kurz danach gelangen wir an die Isar und zum Wirtshaus „Brückenfischer". Nach einer kleinen Rast fahren wir über die Serpentinenstraße zurück nach **Hohenschäftlarn**, über die S-Bahn hinweg und dann rechts hoch über den Schorner Weg in den fast 4.000 Hektar großen **Forstenrieder Park**. Nach der Autobahnquerung bei Schorn geht es in westlicher Richtung durch den Schwaigwald nach **Leutstetten** (Biergarten!) und von dort durchs malerische **Würmtal** nach **Gauting** zur S-Bahn.

HIGHLIGHTS DES WESTUFERS

Wer sich noch gut bei Kräften fühlt, gelangt vom Südufer des Starnberger Sees über ufernahe Wege zunächst nach Seeseiten und dann durch dichten Mischwald in den **Bernrieder Park**, an dessen Südseite das ehemalige Teehaus der Wilhelmina Busch-Woods steht. Die wohltätige Dame stammte aus der amerikanischen Brauereidynastie Busch und stiftete den riesigen Park der Bevölkerung als Erholungsstätte. In Bernried passieren wir Kloster und Yachthafen und gelangen zum **Höhenrieder Park** und dem „Museum der Phantasie“ (Achtung: Radeln ist im Park nicht erlaubt!). Ein Rundgang durch das Museum und den Park mit seinen vielen Skulpturen ist fast ein Muss. Anschließend geht es vorbei an der Klinik Höhenried und über eine längere Gefällstrecke hinunter nach **Unterzeismering**.

Etwas versteckt in einer Einfahrt liegt der schmale Rad- und Fußweg nach **Tutzing**. Vorbei am Touring Yacht-Club und Museumsschiff, gelangen wir in den Ortskern. Wer die Tour hier beenden möchte, hält sich links Richtung S-Bahn. „Weiterradler“ oder „-wanderer“ gelangen rechter Hand hinunter zur Tutzinger Bucht und folgen den Wegen weiter in Richtung **Garatshausen** und **Feldafing**.

DIE VERWUNSCHENE INSEL

Nach nicht allzu langer Wegstrecke taucht rechts im See die kleine Insel Wörth auf, bekannt als **Roseninsel**. König Maximilian II. ließ sie zu einer prächtigen Gartenanlage gestalten, in der sich auch Sisi und Ludwig II. zu heimlichen Treffen einfanden. In der Saison setzt Fährmann Norbert Pohlus Inselbesucher über – das Radl muss allerdings auf dem „Festland“ bleiben. Danach geht es von Feldafing am bekannten „Forsthaus am See“ vorbei nach **Possenhofen** und ins **„Paradies“**. Der große Park am See ist im Sommer ein beliebtes Ziel für Ausflügler. Grillplätze, Liegewiesen und Badestege laden zu einem Tag am See ein. Von hier bis zur S-Bahn **Starnberg** ist es ein Katzensprung.

Oben: Radlers Paradies – idyllische Allee im Tutzinger Kustermann-Park.
Rechts: Blick von Utting, die Seepromenade in Herrsching, Kloster Andechs

❷ AM SCHÖNEN AMMERSEE

Verglichen mit dem Starnberger See ist der Ammersee durchaus ruhiger und ländlicher. Landschaftlich hat er viel zu bieten, sein ganz besonderes Highlight schwimmt jedoch auf dem Wasser: zwei bildschöne Raddampfer, die jeder Seefahrt ein romantisches Flair verleihen. Ideal lassen sie sich für eine Rad- oder Wandertour entlang dem Westufer einsetzen. Vom **S-Bahnhof Herrsching** geht es zum nahe gelegenen Dampfersteg. Per Schiff nach **Dießen** am Westufer des Ammersees übersetzen. Im Sattel geht es nun in nördlicher Richtung nach **St. Alban** mit seiner hübschen Wallfahrtskirche. Über **Riederau** und das Naturschutzgebiet Seeholz erreichen wir den südlichen Ortsrand von **Utting**, wo sich in einem kleinen Park am See das Künstlerhaus Gasteiger samt Museum befindet. Zur Rast lädt die **„Alte Villa"** mit ihrem schönen Biergarten am See ein, die wir in Utting passieren. Über ruhige Radwege am See entlang geht es weiter nach **Schondorf**. Segelbegeisterte können hier beim Fischer Schwarz perfekt restaurierte Holzjollen mieten. Nach wenigen Kilometern erreichen wir Stegen am Nordufer des Ammersees, von wo uns der Raddampfer zurück nach **Herrsching** bringt.

3 HEILIGER BERG UND ILKAHÖHE

Vom **S-Bahnhof Herrsching** geht es ostwärts durch den Ort zur Kirche St. Martin. Dem gut ausgeschilderten Weg durch das **Kiental** zum **Kloster Andechs** folgen. Es geht teilweise streng bergauf, aber die Mühe lohnt sich: Der Heilige Berg mit seinem altehrwürdigen Kloster und dem berühmten Klosterbier ist ein weithin bekanntes Ausflugsziel. Vom Kloster geht es hinunter ins Dorf **Erling**, ein Stückchen rechts Richtung Ammersee, dann links abbiegen auf die Straße nach Fischen. Kurz darauf zweigt ein **Höhenweg** ab, der traumhafte Blicke über den Ammersee bietet und zum malerischen **Hochschloss-Weiher** und zum Golfplatz Hohenpähl führt. Von dort geht ein Weg in östlicher Richtung zum **Gut Kerschlach**. Die ehemalige Klosteranlage ist heute ein Bio-Hof, dessen Produkte aus der hofeigenen Metzgerei, Käserei und Bäckerei im Hofladen gekauft werden können. Von hier geht es über gute Forststraßen in östlicher Richtung weiter zur **Ilkahöhe**, einem der schönsten Aussichtspunkte am Starnberger See. Wir genießen den Blick über den See bis zu den Alpen, bevor wir noch ein Stückchen nordwärts strampeln zum **Deixlfurter See**. Von dort gelangt man zum **S-Bahnhof in Tutzing**.

4 TOUR UM DEN WÖRTHSEE

Wer die Vielfalt der Region auf kleinstem Raum erleben möchte, startet in **Steinebach** zur Umrundung des **Wörthsees.** Auf 13 Kilometern bietet die Tour schöne Ausblicke auf See und Hügellandschaft, Kirchen und Bauernhäuser, sattgrüne Wiesen und dichte Wälder. Vom S-Bahnhof ortseinwärts und dann links halten zur Seepromenade. Die Route führt im Uhrzeigersinn überwiegend am See entlang bis zum Freizeitgelände **Oberndorf**. Hier schwenkt der Weg ins Landesinnere nach Bachern und **Walchstadt**. Danach geht es wieder hinunter ans Ufer, zum gemütlichen Ausklang in einem der Seecafés oder Biergärten in **Steinebach**.

Ob mit dem Einrad, dem Rad oder zu Fuß – die wahren Schätze der Region erschließen sich erst im entschleunigten Tempo.

Nordic-Walking-Park

Seit Herbst 2009 bietet das Starnberger Fünf-Seen-Land den größten Nordic-Walking-Park Bayerns. Über 280 Kilometer Wegenetz sind mit rund 550 Schildern ausgestattet. In vier Parkabschnitten locken 23 Routen zwischen Starnberger See und Ammersee – hier unsere Favoriten:

❶ DIE PROMENADEN-TOUR

Vom **Bahnhof Herrsching** aus startet diese mit 2,5 Kilometern sehr leichte Tour (Dauer: 30 Minuten) entlang der Uferpromenade nach **Lochschwab**. Der Reiz liegt hier vor allem in den fantastischen Ausblicken auf den **Ammersee** und das Ambiente mit prächtigen Villen und Bootshäusern. Ideal auch zum Ausprobieren diverser Nordic-Walking-Techniken.

❷ SPORTLICHE PANORAMATOUR

Vom **Bahnhof Feldafing** aus startet die anspruchsvolle Tour über Seewies, den **Pfaffenberg** und die Waldschmidtschlucht zum **Deixlfurter See**. Weiter geht es über den Panoramaweg zur **Ilkahöhe** nach Ober- und Unterzeismering, **Tutzing** und Garatshausen. Mit 19,9 Kilometern Länge und knackigen 287 Höhenmetern ist diese fünfstündige Tour nur etwas für trainierte Nordic Walker.

❸ ANDECHSER NATUR-BIO-ROUTE

Eine Toproute für Naturliebhaber ist die Tour vom **Kloster Andechs** über das Kiental nach **Herrsching**, **Ramsee** und **Erling** nach **Machtlfing**, Rothenfeld zurück nach Andechs. Die Tour ist 22 km lang und mit 362 Höhenmetern und 5,4 Stunden Dauer als „schwer" einzustufen – der Erlebnisfaktor ist absolute Spitze!

❹ SCHÖNER-AUSBLICK-ROUTE

Diese mittelschwere, dreistündige und 12,5 km lange Tour startet am **Sportgelände in Münsing** und führt über Staudach zur Holzhausener Kirche, zum Schlossgut Oberambach hinunter zum Starnberg See nach **Ambach** über die Seestraße nach **Ammerland**. 178 Höhenmeter sind zu bewältigen – überwältigend sind die traumhaften Ausblicke auf den See und die Landschaft.

Service Touren

Unter **www.sta5.de** kann man alle 23 Touren des Nordic-Walking-Parks mit Karten, GPS-Daten und Kurzbeschreibungen anschauen und herunterladen.

Frisch aus der Region

Fangfrische Renken, Fleischspezialitäten von glücklichen Schweinen, feine Pralinés, Säfte und Milchprodukte direkt vom Erzeuger – Regionalität steht hoch im Kurs

1 FISCHEREI

Die Seen in der Region verfügen über eine erstklassige Wasserqualität und Vielfalt an Süßwasserfischen von Renken und Saiblingen bis zu Hechten und Barschen. Die Topreviere für Fischliebhaber sind das Westufer am Starnberger See und das Ostufer am Ammersee. Neben tagesfrischen Fängen bieten viele Fischer exzellente Räucherfische, delikate Salate und andere Fischspezialitäten an.

Am Starnberger See gibt es 34 aktive Fischer, die sich meist nebenberuflich der Fischerei verschrieben haben, am Ammersee sind es gut ein Dutzend. Der Brotfisch ist wie in vielen Seen Oberbayerns die Renke. Sie verfügt über ein besonders feines Fleisch, da sie sich ausschließlich von Plankton ernährt. Während der Laichzeit zwischen Oktober und Dezember dürfen Renken nicht gefangen werden. Etwas fetter im Fleisch ist der Saibling, der gerne geräuchert angeboten wird. Die meisten Fischer vermarkten ihre Produkte direkt (siehe Kasten).

2 HOFLÄDEN

Zu wissen, was auf den Teller kommt, zählt für viele Verbraucher inzwischen mehr als der Preis. Die sicherste Methode ist der Einkauf direkt beim Erzeuger. Das haben auch die Bauern in der Region erkannt und bieten teilweise in eigenen Hofläden ihre Produkte an – Tendenz steigend. So konnte Stefan Dellinger aus Unering in den letzten Jahren große Erfolge

Ammerseefischer Simon Rauch. Rechts: Stefan Dellinger aus Unering. Unten: der Lothhof in Münsing und die Traditionsfischerei Gastl in Dießen

mit seiner konsequent artgerechten Haltung erzielen. Vom Parkplatz des Hofladens aus kann man zuschauen, wie sich die Schweine rund um die mobilen Offenställe im Schlamm suhlen, die Hühner und Gänse auf riesigen Freiflächen nach Futter suchen. Seit Kurzem sorgt auch das eigene Schlachthaus für eine tiergerechte Behandlung, die sich auch in der hohen Qualität der Produkte widerspiegelt.

Ganz auf ökologische Landwirtschaft setzt Gut Kerschlach zwischen Tutzing und Machtlfing. Das ganzheitliche Konzept von den Weiden und Feldern bis zur Tierhaltung unter modernsten Aspekten einer artgerechten Haltung wird auf dem idyllisch gelegenen Gutshof konsequent umgesetzt. Die Produkte vom Honig aus der eigenen Imkerei bis zum Fleisch können direkt am Hof bezogen werden.

Einkaufen beim Erzeuger

Fischer am Starnberger See

Fischereigenossenschaft Würmsee, Tel. 08177/489, www.wuermsee.de

Fischer am Ammersee

Fischereigenossenschaft Ammersee, Tel. 08807/5646, www.fischerei-oberbayern.de

Fischerei Mastaller-Gastl

Fischerei 42, Dießen, Tel. 08807/8495, Mo.-Fr. 8:30-18 Uhr, Sa. 8-13 und 15-17 Uhr

Konradhof Familie Dellinger

Frei laufendes Geflügel, Schweine, eigene Metzgerei, Schlachtung und Hofladen.
Hochstadter Str. 14, Seefeld-Unering, Tel. 08153/953865, www.konradhof.de, Di.-Fr. 9:30-20 Uhr, Sa. 9:30-16 Uhr sowie auf den Wochenmärkten in der Region.

Loth Hof

Bioladen mit Demeter-Produkten, Gemüse, Fleisch, Käse und Wurst
Biberweg 1, Münsing, Tel. 08177/8783, www.lothhofladen.de, Mo.-Sa. 9-12:30 Uhr, Mo., Di., Do., Fr. 14:30-18:30 Uhr

Gut Kerschlach

Biozertifiziertes Fleisch, Getreideprodukte, Brot, Gemüse, Fisch und Honig.
Gut Kerschlach 1, Pähl, Tel. 08808/92110, www.gutkerschlach.de

Bauern- und Wochenmärkte

Wochenmarkt Dießen
Samstag jeweils 8-13 Uhr in der Markthalle am Bahnhof

Gauting Wochenmarkt
Freitag jeweils 8-12 Uhr auf dem August-Hörmann-Platz

Herrsching Bauernmarkt
April-Oktober, Samstag 8-12 Uhr in der Bahnhofstraße hinter dem Rathaus

Starnberg Wochenmarkt
Donnerstag 8-13 Uhr auf dem Kirchplatz

Seefeld Wochenmarkt
Donnerstag 9-14 Uhr in der Hauptstraße gegenüber dem Rathaus

Tutzing Wochenmarkt
Samstag 8-13 Uhr am Rathaus

Weßling Wochenmarkt
Mittwoch ab 12 Uhr am Maibaum

Wörthsee Wochenmarkt
Mittwoch 14-18 Uhr vor dem Rathaus

3 ANDECHSER HOFLADEN

Zwei überregional renommierte Erzeuger stehen für nachhaltige Qualität in Sachen Molkereiprodukte und Fruchtsäfte: die Andechser Molkerei und Perger Säfte in Breitbrunn am Ammersee. Die Milchprodukte der Familie Scheitz kann man direkt im Andechser Hofladen auf dem Tannhof kaufen, der am Ortsrand von Erling unweit des Erlinger Weihers liegt. Vom Mondscheinkäse bis zu den fruchtigen Joghurtdrinks findet man hier das komplette Sortiment der Biomolkerei. Gelegentlich bedient auch die Chefin persönlich und gibt gerne Informationen zur Herkunft der Milch und über die Herstellung.

4 PERGER SÄFTE

Wie in Andechs, so wird auch in Breitbrunn beim Freiherrn von Perger höchster Wert auf Bioqualität gelegt. Das Obst für die leckeren Säfte kommt hauptsächlich aus der Region und wird vor Ort schonend verarbeitet. Bei einer Verkostung im Hofladen an der Herrschinger Straße können sogar hartgesottene Wein- oder Biertrinker schwach werden. Probieren sollte man die raffinierten Saft-Cuvées aus ausgesuchten Biodirektsäften. Kinder lieben das fruchtig-frische Sortiment an Biolimonaden.

Rechts: feine Pralinen von Clement chococult aus Bernried. Unten: Hochprozentiges aus Pähl. Daneben: Familie Clement vor dem chocokult

5 CLEMENT CHOCOCULT

Wenn es um süße Sünden geht, ist Bernried die Hauptstadt der Region. Seit 2000 zaubert Franz X. Clement feinste Pralinen, Schokolade, Gebäck und Tortini – auf höchstem Niveau. So wurde 2004 seine „Felchlin Grand Cru"-Schokolade von der „Accademia Maestri Pasticceri Italiani" zur besten „Chocolat" der Welt gekürt. Aber auch die Pralinen haben es in sich: Der Meister versteht es, mit fein dosierten Aromen und Gewürzen auf dem Gaumen wahre Geschmacksfeuerwerke zu entzünden. Den Großteil seiner Produktion vertreibt er über das Internet, ein Besuch in der Manufaktur am Bernrieder Bahnhof lohnt sich allemal.

6 BRENNEREI HUBERT GRAF

Am Ortsausgang von Pähl in Richtung Weilheim liegt rechter Hand die Brennerei und Mosterei von Hubert Graf. Angefangen hat sein Geschäft mit Hochprozentigem über das vererbte Brennrecht. Aus dem althergebrachten Gedanken, Streuobst sinnvoll zu verwerten, hat Graf eine Edeldestillerie gemacht. Aus den anfangs groben Obstwassern wurden feine Brände aus Himbeeren, Williamsbirnen oder Kirschen, allesamt mild und aromatisch. Eine besondere Spezialität sind seine Liköre.

Regional einkaufen

Andechser Hofladen
Biomilchspezialitäten der Andechser Molkerei, Bioweine.
Tannhof 1, Andechs, Tel. 08152/8961, www.andechser-hofladen.de,
Di.-Fr. 9-18 Uhr, Sa. 9-12:30 Uhr

Perger Säfte Hofladen
Obstsäfte, Limonaden, Cidre, Essig.
Herrschinger Str. 51, Breitbrunn,
Tel. 08152/9937570,
www.perger-saefte.de,
www.ammersee-hofladen.de
Mo., Di., Do., Fr. 9-12:30 Uhr und 14-18 Uhr, Sa. 9-14 Uhr

Clement chococult
Pralinen, Schokolade, Feingebäck.
Bahnhofstr. 25, Bernried,
Tel. 08158/6310,
www.clement-chococult.de
Di.-Sa. 10-13 Uhr, Fr. auch 14-17 Uhr

Brennerei & Mosterei Hubert Graf
Obstbrände, Enzian, Liköre.
Am Weidach 20, Pähl,
Tel. 08808/924646.
Mo.- Sa. 8:30-13 Uhr,
Mo., Di., Do., Fr. 14-18 Uhr

Kleine Paradiese

Die 20 besten Badeplätze von Seeshaupt bis Inning – Klassiker und Geheimtipps im Starnberger Fünf-Seen-Land

1 PERCHA/KEMPFENHAUSEN

Das große Badegelände mit dem schönsten Steg in der Starnberger Bucht ist vom Bahnhof über den Wasserpark am Landratsamt in etwa 20 Minuten per pedes zu erreichen. Radler folgen der Beschilderung „Ostufer-Radweg". Das Strandbad Percha/Kempfenhausen liegt an der Straße in Richtung Berg. Für Abwechslung rund um die Liegewiese sorgen Volleyballfelder. Bestens kulinarisch versorgt ist man durch die Kioske und Restaurants.

2 ST. HEINRICH

Der weitläufige Uferbereich des Naherholungsgebiets Schwaiblbach zwischen St. Heinrich und Ambach ist mit seinem Sandstrand und dem flachen Uferbereich ein Paradies für Kinder. Von der Liegewiese aus eröffnet sich ein wunderbarer Blick auf das Westufer des Starnberger Sees. Die beste Aussicht bietet der lange Badesteg, von dem man vor allem abends einen fantastischen Blick auf Seeshaupt und die nahen Gipfelketten der Alpen hat.

Der Badesteg in Percha. Rechts: Wasserrutsche im Strandbad Feldafing. Unten: Biergarten bei der Surfschule in St. Heinrich

3 OSTERSEEN

Das Naturschutzgebiet südlich von Seehaupt ist vor allem durch das extrem weiche Moorwasser ein herrliches Badevergnügen. Zum Schutz des empfindlichen Geotops sollte man hier nur an den ausgewiesenen Stellen baden und vor allem die Begehungsverbote beachten (s. auch Seite 58 ff.).

4 PARADIES POSSENHOFEN

Dieser „kaiserliche“ Badeplatz befindet sich in der ehemaligen Parkanlage des Sisi-Schlosses. Von der S-Bahnstation in Possenhofen sind es zu Fuß etwa 15 Minuten in Richtung Starnberg. Das mit alten Bäumen bewachsene Areal hat eine traumhafte Liegewiese und direkten Seezugang. Für Kinder und Sportler stehen ein Spielplatz sowie ein Volleyballfeld zur Verfügung. Fürs leibliche Wohl sorgt man selber an den Grillplätzen oder am Kiosk.

5 FELDAFINGER STRANDBAD

Das Feldafinger Strandbad mit seinen nostalgischen Badekabinen und der isolierten Lage gehört zu den charmantesten Badeplätzen am Starnberger See. Gut aufgehoben ist hier, wer Wert auf eine kulinarische Rundumversorgung legt. Ideal ist der Platz auch für Kinder (s. Seite 34).

6 TUTZING NORD- UND SÜDBAD

Tutzing verfügt gleich über zwei ortsnahe Strandbäder: das Nord- und das Südbad. Das vor Kurzem renovierte Bad im Süden von Tutzing bietet viel Platz. Kinder freuen sich vor allem über die alten Baumstämme am Uferbereich, die sich bestens zum Herumtoben eignen.

7 MAISINGER SEE

Der Großteil des Uferbereichs am Maisinger Sees ist von dichtem Schilf bewachsen, die einzige Bademöglichkeit liegt gleich rechts vom Maisinger Seehof. Für Kinder gibt es einen Spielplatz. Auf dem Uferwall kann man herrlich im Schatten der Bäume sitzen und sich nach dem Schwimmen ein köstliches Schnitzel mit hausgemachtem Kartoffelsalat gönnen. Wie an den Osterseen ist auch hier das Moorwasser angenehm weich und erwärmt sich durch die geringe Tiefe im Sommer sehr schnell.

8 SEEWINKEL IN HERRSCHING

Der „wahre Dorfplatz Herrschings" bietet auch nach seiner Renovierung noch viel Raum und Flair für einen gelungenen Sonnentag am Ammersee. Die kulturellen Veranstaltungen locken regelmäßig Hunderte von Gästen an, das Programm ist bunt und reicht vom „Rasenfest" bis zum „Mini-Märchen-Festival". Der Biergarten ist beliebter Treffpunkt der Einheimischen, und der große Badesteg mit seinem Sprungturm ist nach dem „großen Bruder" in Utting der schönste am Ammersee. Während sich die Männer im Kunstspringen versuchen, planscht der Nachwuchs im flachen Uferbereich. Das Publikum ist bunt gemischt – wie es sich für einen „Dorfplatz" gehört.

9 LOCHSCHWAB/RIED

Westlich der Herrschinger Bucht verstecken sich am Rande des Rieder Walds (s. Seite 90 f.) ein paar kleine Buchten für Individualisten. Hier gibt es zwar keine großen Liegewiesen, doch dafür ist man weitestgehend allein. Von hier aus kann man auch die Surfer und Kiter bei ihren akrobatischen Manövern gut beobachten.

Beachvolleyball am Seewinkel in Herrsching, Badesteg an der Herrschinger Seepromenade. Rechts: St. Alban bei Dießen und das Badegelände Aidenried

⑩ BREITBRUNN DAMPFERSTEG

Das beschauliche Badegelände (s. Seite 90) ist ideal für ein Bad am Abend, wenn kaum andere Gäste vor Ort sind. Das Auto kann man direkt oberhalb der Liegewiese parken.

⑪ STEGEN

Das Badegebiet am nördlichen Zipfel des Ammersees bietet gleich mehrere Vorteile: Es ist schnell zu erreichen, bietet ausreichend Parkmöglichkeiten, Gastronomie (s. Seite 100 f.) und einen flach abfallenden Uferbereich (ideal für Kinder) mit schönen Liegewiesen.

⑫ ECHING

Das Echinger Erholungsgebiet ist wenig bekannt und dank der großen Wiesenflächen selten überlaufen. Auf zwei kleinen vorgelagerten Inseln ist sogar FKK-Baden erlaubt.

⑬ ST. ALBAN

Nördlich von Dießen liegt eines der schönsten Badegebiete am Ammersee: St. Alban. Von der Liegewiese führen zwei lange Stege in den See. Kinder freuen sich über den schönen Spielplatz. Der Kiosk und das Volleyballfeld runden das Angebot ab.

⑭ UTTING

Neben dem bekannten Sprungturm bietet das Strandbad in Utting einen breiten Badebereich. Vor Ort kann man auch Boote ausleihen (s. Seite 108.)

⑮ AIDENRIED

Am südlichen Ostufer des Ammersees, vis-à-vis dem Vogelschutzgebiet, liegt ein schöner Badestrand, der direkt an die Uferstraße und den dichten Wald angrenzt. Mitten im Badegelände liegt neben dem kleinen Bootshafen die Gaststätte Aidenried mit Biergarten unmittelbar am Ufer.

16 „PARADIES" AM WÖRTHSEE

Von Seefeld und Hechendorf kommend, erreicht man das „Paradies" am Wörthsee gleich nach der ersten Abzweigung rechts in Richtung Steinebach. Am Campingplatz und dem Gasthof Woerl liegt das kleine, gemütliche Badegelände mit seinem begehrten Bade- und Bootssteg. Der geschützte Platz ist ideal zum Sonnenbaden, für einen kleinen Ausflug im Schlauchboot oder zum süßen Nichtstun auf dem Steg. Wenn der Magen knurrt, geht man einfach ein paar Meter zum leicht erhöhten Biergarten vom Gasthof Woerl und genießt die Szenerie von oben und schaut bei einem kühlen Drink dem bunten Treiben zu.

17 OBERNDORF

Das weitläufige Badegelände bei Schlagenhofen hat eine große Wiese und ist von einem schönen Baumbestand umsäumt. Absolute Highlights sind die langen Badestege, die weit in den südlichen Teil des Wörthsees hineinreichen. Fürs leibliche Wohl sorgt die auf dem Gelände befindliche kleine Gaststätte mit Biergarten. Es sind ausreichend Parkplätze vorhanden.

Das „Paradies" am Wörthsee. Unten: Badesteg am Badegelände Oberndorf. Rechts: Blick von Steinebach, Angler auf dem Wörthsee, Taucher beim Woerl

18 STRANDBAD FLEISCHMANN

Das Traditionsbad in Steinebach gehört zu den beliebtesten Adressen am Wörthsee. Hier tummelten sich schon in den 1930er-Jahren die Münchner auf einer riesigen Wasserrutsche. An der Seepromenade finden Wasserratten alles, was das Herz begehrt: eine schattige Liegewiese, Bootsverleih und natürlich das dazugehörige Wirtshaus „Augustiner am See" mit

deftigen bayerischen Spezialitäten zu günstigen Preisen. Ruhige Plätze findet man nur unweit links vom Bad.

19 GEMEINDEBAD HECHENDORF

Das kleine, sehr gepflegte Strandbad am Pilsensee mit Umkleidekabinen und ausreichend Parkmöglichkeiten bietet einen traumhaften Blick über den See und das gegenüberliegende Schloss Seefeld.

20 BADEGELÄNDE PILSENSEE OST

Das „Andechser Bad" liegt auf halber Strecke zwischen Seefeld und Herrsching. Auf der Hangseite liegt ein großer Parkplatz, der über einen Tunnel mit dem Badegelände verbunden ist. Vom kleinen Holzkiosk aus geht es steil zum Seeufer nach unten, das sich mit Wiesen und Kieselsteinen nach Norden erstreckt. Das im Wesentlichen naturbelassene Gelände ist von großen Bäumen gesäumt und bietet für Familien mit Kindern entspannte Erholung, da es zur Straße hin umzäunt ist.

Wasserfreuden

Segeln, Kiten, Tauchen – die fünf Seen bieten ein breites Spektrum an feuchtfröhlichen Aktivitäten

❶ SEGELN UND BOOTSVERLEIH

Wenn im Frühjahr die ersten Knospen sprießen, beginnt in den Winterlagern von Starnberg bis Utting hektisches Treiben. Dann werden H-Boote, Laser und auch manche historische Boote für die Saison fit gemacht, um sich auf Regatten zu messen oder auf entspannten Wochenendtörns dahinzugleiten. Segeln muss wider der landläufigen Meinung kein teures Hobby sein, die Segler im Fünf-Seen-Land teilen sich Boote und Liegeplätze, und auch die Kosten für ein Leihboot sind oft nicht höher als ein Mittagessen.

Neben den vielen Verleihstationen für Elektro- und Ruderboote, die sich rund um die Seen verstreuen, gibt es auch ein halbes Dutzend Anbieter, die Laser, Kielboote, kleine Kabinenboote oder sogar restaurierte „Piraten“ anbieten. Mit der entsprechenden Lizenz kann man sich stunden-, tage- oder wochenweise ein Boot ausleihen und die ganze Schönheit der Seen vom Wasser aus genießen und von Hafen zu Hafen schippern.

Segelunterricht in der Starnberger Bucht. Rechts: Segelimpressionen vom Ammersee. Rechts: Kinder im Optimisten, Surfen vor St. Heinrich

Regelmäßige Höhepunkte im Veranstaltungskalender im Starnberger Fünf-Seen-Land sind die zahlreichen Regatten. Spätestens zu den großen Wettkämpfen des Bayerischen Yachtclubs in Starnberg oder des Herrschinger Segel-Clubs ist es aus mit der Beschaulichkeit. Die Rennen in den sportlichen Bootsklassen zeigen, warum es nicht wenige Segler aus der Region schon zu nationalen wie internationalen Titeln gebracht haben. Ein weiteres Highlight sind die Oldtimerregatten mit perfekt restaurierten Jollenkreuzern oder über 100 Jahre alten Schärenkreuzern.

2 SEGELN UND SURFEN LERNEN

Die meisten großen Orte an den Seen haben renommierte Segel- und Motorschiffschulen, die auf die Schulferien angepasste Kurse in Theorie und Praxis anbieten, und zwar sowohl für Erwachsene als auch für Kinder. Auch außerhalb der Ferien werden in der Saison Wochenkurse abgehalten.

Infos Wassersport

Segelschule Starnberg
Am Hügel 8, Starnberg,
Tel. 08151/79028,
www.segelschule-starnberg.de

Segel- und Sportbootschule Tutzing
Ausbildung und Bootsverleih
Marienstr. 13, Tutzing,
Tel. 08158/458574
www.segelschule-tutzing.de

Surf- und Segel Center Tutzing
Ausbildung und Verleih
Nordbadstr. 1, Tutzing, Tel. 08158/6819,
www.nordbad.de

Surfschule Starnberger See
Ausbildung und Verleih
Buchscharnstraße 10, St. Heinrich,
Tel. 08801/915910,
www.surfschule-starnbergersee.de

Ammersee Segelschule
Ausbildung Segel- und Motorboot
Seestr. 28, Dießen, Tel. 08807/8415,
www.ammersee-segelschule.de

Sportschifffahrtschule Wörthsee
Ausbildung, Bootsverleih, Liegeplätze
Seestr. 63, Wörthsee, Tel. 08153/7650,
www.segelschule-woerthsee.de

Segelschule Ernst
Ausbildung und Verleih
Im Freizeitgelände 10, Utting, Tel.
08806/5347-15 (Verleih), -13 (Schule),
www.segelschule-ernst.de

3 SURFEN UND KITEN

Wenn der Wind auffrischt und die ersten Segler den Weg in den Heimathafen antreten, machen sich die hartgesottenen Surfer und Kiter daran, ihre Ausrüstung auszupacken, um zum ultimativen Ritt zwischen Wind und Welle anzutreten. Die absoluten Topreviere für Surfer sind die Starnberger Bucht bei Percha und im Süden die Badegelände rund um St. Heinrich. Spektakulär geht es an stürmischen Tagen vor Herrsching am Ammersee zu. Durch die Düsenwirkung am Herrschinger Kreuz weht der Wind gerne mal ein Beaufort stärker als auf dem Rest des Sees. Dann tanzen die Kiter mit ihren bunten Drachen und Surfboards mit akrobatischen Einlagen übers Wasser.

4 TAUCHEN

Tauchen ist nach einer Allgemeinverfügung nur am Starnberger See erlaubt. Hier bieten sich gleich mehrere Reviere an, allen voran der Seebereich vor Allmannshausen. Parallel zum Uferbereich zieht sich im See eine lange Felswand entlang, die Steilwandtauchen vom Feinsten erlaubt. Dieser Tauchbereich ist nur für erfahrene Taucher geeignet. Vor Berg

Kiten in der Herrschinger Bucht, Tauchen im Starnberger See. Rechts: Rudern mit Alpenblick, die Wasserskischule Glas und gemütliche Bootstouren

wiederum liegt ein zehn Meter langes Wrack. Weil der Tauchplatz direkt an einer Anlegestelle der Ausflugsschiffe liegt, kann hier nur außerhalb der Schifffahrtszeiten getaucht werden. Ein dritter Tauchspot liegt im Badegelände „Paradies“ zwischen Starnberg und Possenhofen – ein ideales Terrain für Anfänger.

5 WASSERSKI FAHREN

Das Fahren mit Motorbooten auf dem Starnberger See ist streng reglementiert und in erster Linie den Profis vorbehalten. Hans-Peter Glas aus Possenhofen gehört zu dieser Spezies. Neben seiner Bootswerkstatt betreibt er die einzige Wasserskischule im Starnberger Fünf-Seen-Land. Von Mai bis Mitte September können Anfänger wie Fortgeschrittene den einmaligen Wasserspaß erleben. Die Ausrüstung kann man ausleihen. Als „Zugpferd“ dient ein „Boesch“-Sportboot, sozusagen der Rolls-Royce der Wasserskiboote.

6 KANUTOUREN

Das eigene oder geliehene Kanu ist wohl die gemütlichste Weise, die Region zu entdecken – und zudem familienfreundlich. Für Kanus gibt es außer in geschützten Uferbereichen keine Beschränkungen, sogar die Würm kann man befahren.

Infos Wassersport

Wasserskischule
Hans-Peter Glas, Zum Landesteg 16, Possenhofen, Tel. 08157/998188, www.bootserviceglas.de

Tauchschule Tauchperle
Oberlandstraße 26, 82335 Aufhausen/Berg, Tel. 0170- 2943393 www.tauchperle.de

Tauch-Sport-Club Starnberg e. V.
c/o Barbara Schulhof, Enzianstr. 1 a, Starnberg-Percha, Tel. 08151/911575, www.tsc-starnberg.de

Kanuverleih
Wilderness Watertours, Riedener Weg 39, Starnberg, Tel. 08151/773267, www.watertours.de

Original bayerisch!

Das dörfliche Leben erfährt derzeit eine echte Renaissance. Die Rückbesinnung auf die alten Traditionen gehört dazu

1 MÜNSINGER OCHSENRENNEN

Die Idee, auf doch recht unrittigen Ochsen den großen Vorbildern von München-Riem nachzueifern, entstand in den 1950er-Jahren nach einer feuchtfröhlichen Stammtischrunde. Als Rennsportveranstaltung etabliert hat sich das Münsinger Ochsenrennen 1996. Der große Erfolg spornte die Jockeys an, das Spektakel alle vier Jahre im August stattfinden zu lassen. Die Rennochsen werden nur für dieses Ereignis gezüchtet, ausgebildet und trainiert. Nachdem das Mindestalter 24 Monate beträgt, muss sich ein Jockey zwei Jahre vor dem Rennen für seinen Ochsen entscheiden. Was auf der traumhaft schönen Naturrennbahn in der Krumpleiten letztendlich den Sieg ausmacht, steht in den Sternen. Und genau das ist neben der ganzen Gaudi wahrscheinlich das Spannende im Vergleich zum Pferderennen: Über den Erfolg entscheidet

Das Münsinger Ochsenrennen. Rechts: Fischerstechen in Bernried, Sonnwendfeuer in Seeshaupt, 1.000-Jahr-Feier in Machtlfing

eher das Glück – oder der Wille des Tieres. Was 1996 als Mordsgaudi begann, hat sich mittlerweile zu einem echten Volksfest entwickelt und findet nun alle 4 Jahre statt.

2 FISCHERSTECHEN

Die alljährlich stattfindenden Fischerstechen haben im Fünf-Seen-Land eine über 350-jährige Tradition. Es wird vermutet, dass sie zur Volksbelustigung während der königlichen Feste am See veranstaltet wurden. Heute sind die „Wasserwettkämpfe" fester Bestandteil im sommerlichen Veranstaltungskalender.

3 SONNWENDFEUER

Auch der Brauch der heidnischen Sonnwend- bzw. Johannifeuer hat in den letzten Jahren stark zugenommen. In fast jeder Gemeinde zwischen Münsing und Dießen finden am Wochenende Mitte Juni mehr oder minder große Feste statt. Inzwischen ist die Größe des Feuers

schon zum lieb gewonnenen Konkurrenzkampf zwischen benachbarten Dörfern geworden.

4 MARIÄ HIMMELFAHRT

Zu Mariä Himmelfahrt am 15. August finden in der ganzen Region Prozessionen statt. Besonders prächtig ist die Lichterprozession in Bernried. Mit Einbruch der Dunkelheit ziehen Dutzende Bernrieder mit Kerzen durch die Straßen und tauchen den Ort in ein besinnliches Licht.

5 MAIBAUM-FESTE

Jedes Dorf hat seinen Maibaum, und dieser hält maximal drei Jahre. Und weil es so schön ist, ein Fest zum Aufstellen eines neuen, prächtig geschmückten Baumes auszurichten, halten manche auch nur zwei Jahre. So ist die Wahrscheinlichkeit recht hoch, in einem relativ kleinen Umkreis am 1. Mai auf ein Fest mit Blasmusik, Bierausschank und Schmankerln vom Grill zu treffen. Meist geht das Spektakel gegen zehn Uhr los, wenn der zuvor streng bewachte Baum von der Burschenschaft in Position gebracht wird, um mit den traditionellen Scherstangen aufgestellt zu werden. Das dauert in der Regel zwei Stunden, so dass Punkt zwölf Uhr mit Einsetzen der Kapelle die erste Maß Bier ausgeschenkt wird. Gäste sind stets herzlich willkommen.

Maibaumaufstellen in Hadorf. Rechts: Der Dießener Töpfermarkt. Unten: Impressionen aus den Festzelten und die „lebendige Krippe" in Andechs

❻ DIESSENER TÖPFERMARKT

In jedem Jahr wird zu Christi Himmelfahrt im Mai/Juni der Dießener Töpfermarkt für eine knappe Woche eröffnet. Der in den Anfängen beschauliche Markt der lokalen Kunsthandwerker hat sich inzwischen zur überregionalen Veranstaltung mit bis zu 60.000 Besuchern und 150 Ausstellern aus ganz Europa entwickelt. Die gesamte Dießener Uferpromenade verwandelt sich zu dieser Zeit in ein buntes Meer von Töpfen, Tassen und Tellern, Skulpturen und Kunstwerken. Zu sehen sind allerlei Stilrichtungen, von der klassischen Keramik über filigrane japanische Porzellankunst bis zu einfachen Gebrauchskeramiken.

❼ WEIHNACHTSMÄRKTE

Zur Adventszeit finden von Starnberg bis Herrsching Christkindlmärkte statt, auf denen heimische Handwerkskunst und kulinarische Spezialitäten zum Schenken verlocken.

Neben dem beliebten Adventsmarkt in Breitbrunn ist die „lebende Krippe“ im Kloster Andechs mit dem Christkindlmarkt ein besonderer Publikumsmagnet.

Nur fliegen ist …

… schöner! Aus der Luft offenbart die Region mit der vielfältigen Landschaft atemberaubende Impressionen

1 RUNDFLÜGE

Zu Tom Huber kann man Vertrauen haben. Der sympathische Fluglehrer ist mit seinen selbst zusammengebauten Ultraleichtflugzeugen schon auf der Zugspitze gelandet oder hat auch mal einen fahrenden Sattelzug als Landefläche genutzt. Von seinem privaten Flugplatz bei Antdorf, südlich des Starnberger Sees, startet Huber zu Rundflügen ins Starnberger Fünf-Seen-Land oder auch in die Alpen. Die extrem wendigen und sparsamen Fluggeräte bieten Platz für einen Passagier und vermitteln Fliegen in seiner reinsten Form. Umso intensiver ist das Erlebnis über den Wolken und umso unvergesslicher bleiben die fantastischen Ausblicke auf die vielfältige Landschaft zwischen Ammersee und Starnberger See in der Erinnerung.

Start im „Ultralight" mit Tom Huber. Rechts: Günter Härter im Heißluftballon. Unten: die Bücker 131 in Jesenwang, über dem Starnberger See im Weidenkorb

Nostalgiker wählen dann eher die Doppeldeckervariante am Flugplatz in Jesenwang mit der perfekt restaurierten Bücker Jungmann. Im voll kunstflugtauglichen Oldtimer kann man sich in Loopings über den Ammersee fliegen lassen. Unweit von Inning am Ammersee hat das erfahrene Team von Max Walch auch beschauliche Rundflüge in modernen mehrsitzigen Propellermaschinen im Angebot.

2 BALLONFAHRTEN

Die entschleunigte Variante bietet das Durchfahren der Luftmeere im Weidenkorb. Im Starnberger Fünf-Seen-Land bieten gleich zwei erfahrene Heißluftballonteams Fahrten an. Während das Revier im Sommer hauptsächlich zwischen Starnberger See und Ammersee liegt, ruft in den Wintermonaten die Königsklasse der Ballonfahrerei: die Alpenüberquerung. Bei optimalen Wetterbedingungen fahren die Ballons in Höhen von bis zu 7.000 Meter und Geschwindigkeiten von über 120 Stundenkilometern gen Italien. Dieses Abenteuer dauert zwischen drei und vier Stunden; außer einer geeigneten Ausrüstung braucht man nur ein wenig Mut, gute körperliche Fitness und wird mit Eindrücken belohnt, die man sein Leben lang nicht vergisst.

Infos Fahren und Fliegen

Rundflüge Tom Huber
Steinbachweg 1, Antdorf, Tel. 08858/8048740, www.spassvogeln.de

Air Charter Flughafen Jesenwang, Tel. 08146/1444, 0179/2943197, www.airchartergmbh.de

Landstettener Ballonfahrten
Günther Härter und Peter März, Klosterholzweg 1, Landstetten, Tel. 08157/9104, www.landstettener-ballonfahrten.de

Hot-Air Ballonfahrten Jürgen Fels, Gartenstr. 14 a, Eching am Ammersee, Tel. 08143/444551, www.hot-air.de

Golfparadiese

Abschlag mit Alpenblick – auch für Gäste. Acht Golfclubs in der Region bieten auf traumhaften Plätzen Golf all-inclusive

FREIES SPIEL AUF ACHT PLÄTZEN

Rund um den Starnberger See locken acht hochkarätige 18-Loch-Plätze zum „guten Spiel", auch für Gäste. Mit dem Programm „Hole in one" können Golfbegeisterte drei Greenfees zur freien Wahl auf den Plätzen zwischen Iffeldorf und Starnberg wählen. All-inclusive wird das Golfvergnügen mit Alpenblick durch die Pauschalangebote vom Schnupperkurs mit Übernachtung bis zum luxuriösen Wellness-Golf-Wochenende.

❶ GOLF CLUB HOHENPÄHL

Der mehrfach mit Umweltpreisen ausgezeichnete Fünf-Sterne-Golfplatz bietet neben zwölf perfekt in die Landschaft integrierten Bahnen mit 18 Loch Golfvergnügen der Extraklasse. Neben dem eigenen Pro-Shop runden die Golfschule und die ausgezeichnete Gastronomie das Angebot ab. Die Spielvorgabe für Gäste ist 36.0, Startzeiten sollte man freitags ab 11 Uhr und an den Wochenenden reservieren.

Ausblick vom Golfplatz Hohenpähl. Rechte Seite: Luftaufnahme von der Golfanlage Bergkramerhof. Unten: die Golfclubs Iffeldorf und Tutzing

2 GOLF-CLUB TUTZING

Mitten im Naturschutzgebiet Deixlfurt an den gleichnamigen Seen liegt der 18-Loch-Par-72-Platz. Für Gäste gilt die Spielvorgabe 36.0, es können Golfkarts und Bälle geliehen werden, zudem locken attraktive Angebote bei Fernmitgliedschaften.

3 GOLFANLAGE BERGKRAMERHOF

Hoch über dem Isartal und Wolfratshausen liegt der 18-Loch-Platz mit 48 Sand- und elf Wasserhindernissen. Neben Pro-Shop und Restaurant kann man sich nach oder vor der Runde auf dem Platz von der Physiotherapeutin im Clubhaus betreuen lassen.

4 GOLFANLAGE GUT RIEDEN

Die Lage oberhalb von Leutstetten mit Blick auf den Starnberger See und die Alpenkette ist unvergleichlich. Dazu kommt eine entspannte Atmosphäre auf dem 9- und 18-Loch-Kurs, der jedem Handicap gerecht wird.

5 GOLFPLATZ IFFELDORF

Landschaftlich gehört der Golfplatz an den Osterseen zu den reizvollsten in Oberbayern, die Anlage wurde schon mehrfach ausgezeichnet. Interessant für Gäste sind die fairen Spielvorgaben und die attraktiven Greenfees unter der Woche.

Infos Golf

„Hole in one" Das Programm mit drei Greenfees auf acht Plätzen ist buchbar über den Tourismusverband Starnberger Fünf-Seen-Land, Tel. 08151/90600, www.golf-starnberger-see.de

Golfanlage Hohenpähl
Pähl, Tel. 08808/92020, www.gchp.de

Golf-Club Tutzing
Tutzing-Deixlfurt, Tel. 08158/3600, www.golfclub-tutzing.de

Golf- und Landclub Bergkramerhof
Wolfratshausen, Tel. 08171/41910, www.gc-bergkramerhof.de

Golfanlage Gut Rieden
Starnberg, Tel. 08151/90770, www.gut-rieden.de

Golfplatz Iffeldorf
Iffeldorf, Tel. 08856/925555, www.golf-iffeldorf.de

6 Golfclub Beuerberg e. V.
Beuerberg, Tel. 08179/617, www.golfclub-beuerberg.de

7 Golfclub Isarwinkel
Bad Tölz, Tel. 08041/77877, www.gc-isarwinkel.de

8 St. Eurach Land- & Golfclub e.V.
Iffeldorf, Tel. 08801/1332, www.eurach.de

Glück der Erde …

Das Starnberger Fünf-Seen-Land ist auch Pferdeland – das Angebot reicht vom Geländeritt bis zur Kutschfahrt

1 REITEN LERNEN, REITKURSE

Das Starnberger Fünf-Seen-Land ist ein Spiegel der positiven Entwicklung der Reiterei in den letzten Jahren. Die Zahl der Pferde im Landkreis steigt stetig, kaum ein Dorf, das ohne Offenstall oder Reitanlage auskommt. Auch bekannte Adressen sind hier zu Hause: In Ammerland werden international erfolgreiche Galopprennpferde wie die legendäre Stute Borgia gezüchtet. Auch das Gestüt der Stadt München, Gestüt Isarland bei Starnberg, hat wieder Erfolge zu melden. Die Vielfalt an Reit- und Voltigiervereinen ist groß. Gäste können das Angebot an Ferien- oder Schnupperkursen nutzen. Für Kinder ideal sind der idyllisch im Würmtal gelegene Reit- und Fahrverein Gauting und die Reitschule Pegasus in Berg. Beide bieten Anfängerlongen an.

„Reiten für jeden" bietet „Horsechap" in Höhenrain an. Unter fachlicher Anleitung, nach Wunsch klassisch englisch oder im Westernreitstil,

Andreas Nemitz aus Gut Kerschlach, unterwegs mit historischer Postkutsche. Rechts: Starnberger Seenrundfahrt, Dressurreiter, Reiterglück im Würmtal

kann man mit erfahrenen Pferden vom Pony bis zum Kaltblut die Natur erleben oder erste Reitversuche unternehmen.

2 KUTSCHFAHRTEN

Andreas Nemitz ist ein Pferdemann durch und durch. Seit Jahrzehnten fährt der leidenschaftliche Fahrer mit seinen historischen Kutschen meist vierspännig in der Region, bis nach Italien oder zu den Königsschlössern. Wie er bieten auch die anderen versierten Kutschfahrer dieser Gegend individuelle Touren in verschiedenen Anspannungen an. Das Angebot reicht von der kurzen Ausfahrt am Westufer des Starnberger Sees bis zur eintägigen Erlebnisfahrt am Ammersee. Sonderwünsche wie Hochzeitsfahrten oder Kutschenreisen werden gerne nach Absprache organisiert.

3 STILVOLL UM DEN SEE

Neben den Standardterminen im alljährlichen Pferdekalender wie den Leonhardi-Ritten und -Fahrten findet seit über 25 Jahren die Starnberger Seenrundfahrt der Weilheimer Pferdefreunde statt. Die längste Tages-Stil-Streckenfahrt in Europa ist auch für Zuschauer interessant, wenn unterschiedlichste historische Stilgespanne rund um den Starnberger See unterwegs sind.

Infos Pferd und Kutsche

Reitschule Pegasus e. V.
Grafstr. 13, Berg, Tel. 08171/480486, www.reitschule-pegasus.de

Reit- und Fahrverein Gauting e. V.
Königswiesen 3, Gauting, Tel. 089/8506106, www.rufv-gauting.de

Horsechap · Reiten für jeden
Birkenweg 2, Höhenrain, Tel. 0160/2442523, www.horsechap.de

Coaching in Bavaria
Gut Kerschlach, Pähl, Tel. 08808/386, www.coaching-in-bavaria.de

Kutschfahrten Ruppaner
Brucker Str. 34, Inning, Tel. 08143/8692

Kutschfahrten Klement Noll + Renate Fiedler
Kalkofenweg 2, Dießen, Tel. 08807/5416

Weilheimer Pferdefreunde e. V.
Andreas-Schmidtner Str. 54, Weilheim Tel. 0881/92782794 www.weilheimer-pferdefreunde.de

Museen und mehr

Nicht nur bei schlechtem Wetter – die Museen im Starnberger Fünf-Seen-Land bieten spannende Einblicke ins Kulturleben

1 STADTMUSEUM STARNBERG

Auf vier Ausstellungsebenen erhalten Besucher einen plastischen Einblick in das Leben rund um den Starnberger See (s. Seite 13 und 18).

2 BUCHHEIM MUSEUM

Neben den Sammlungen und aktuellen Ausstellungen (s. Seite 53) bietet das Buchheim Museum auch Abteilungen speziell für Kinder: die Zirkus-Abteilung mit Hinterglasbildern von Buchheim selbst, die Blätterbilder von Ditti Buchheim oder die Figuren von Hans Schmitt. Dazu werden über das ganze Jahr Workshops für Kinder angeboten.

3 KAISERIN ELISABETH MUSEUM

Ein Muss für alle „Sisi"-Fans sind die liebevoll gestalteten Räume im historischen Bahnhof Possenhofen, der unter König Ludwig II. erbaut und 1865 eröffnet wurde (s. Seite 24).

Oben: das Buchheim Museum in Bernried. Rechts: das Carl-Orff-Museum in Dießen und der ADK-Pavillon an der Dießener Seepromenade

4 CARL-ORFF-MUSEUM

Carl Orff hat während seiner Kindheit die Ferien oft im Haus seiner Großeltern in Unteralting bei Grafrath verbracht. 1955 kehrte er in die Region zurück und wohnte bis zu seinem Tod 1982 im Haus seines Schwagers in Dießen. 1991 wurde dort das weltweit einzige Museum über das Leben und Werk des Komponisten der „Carmina Burana“ eröffnet. In drei Räumen werden Originaldokumente gezeigt, Besucher können Stücke aus dem Schaffen des Künstlers auch in Ton und Bild erleben.

5 ADK-PAVILLON

Im luftigen Gebäude am Dießener Hafen präsentiert die Arbeitsgemeinschaft der Dießener Künstler (ADK) ihre Arbeiten von der Töpferkunst über die Malerei bis zur Bildhauerei und Goldschmiedekunst. Die Gemeinschaft wurde 1934 vom Bauhausschüler Erich Kloidt gegründet.

6 KUPFERMUSEUM

Im Jahr 2006 eröffnete der leidenschaftliche Kunstsammler Siegfried Kuhnke das Kupfermuseum in einem alten Fischener Gutshof. Auf 500 Quadratmetern werden Kupferobjekte aus dem 17. bis 19. Jahrhundert aus aller Welt gezeigt, darunter Schmuckstücke wie eine syrische Schatulle.

Infos Museen

Museum Starnberger See
Possenhofener Str. 5, Starnberg,
Tel. 08151/4477570,
www.museum-starnberger-see.de,
Di.-So. 10-17 Uhr

Buchheim Museum
Am Hirschgarten 1, Bernried,
Tel. 08158/99700,
www.buchheim-museum.de,
Apr.-Okt.: Di.-So., feiertags 10-18 Uhr,
Nov.-Mär.: Di.-So., feiertags 10-17 Uhr

Kaiserin Elisabeth Museum
Schlossberg 2, Possenhofen,
Tel. 08157/925932,
www.kaiserin-elisabeth-museum-ev.de,
Anfang Mai bis Mitte Oktober,
Fr.-So., feiertags 14-18 Uhr

Carl-Orff-Museum
Hofmark 3, Dießen, Tel. 08807/91981,
www.orff-museum.de
So., feiertags 14-17 Uhr und nach Vereinbarung

ADK-Pavillon
Seestr. 30, Dießen, Tel. 08807/8400,
www.diessener-kunst.de,
wechselnde Öffnungszeiten, bitte erfragen oder aktuell im Internet

Kupfermuseum
Herrschinger Str. 1, Pähl-Fischen,
Tel. 08808/9219131
www.kupfermuseumfischen.de
Mi.-Sa. 10-16 Uhr

Tourist-Information

Tourismusverband Starnberger Fünf-Seen-Land
Wittelsbacherstraße 2c · 82319 Starnberg
Tel. 08151/90 600
www.sta5.de

Tourist-Information
Herrsching
Bahnhofsplatz 3 · 82211 Herrsching
Tel. 08152/52 27
www.sta5.de

Tourist-Info Dießen
Bahnhofstr. 12 · 86911 Dießen
Tel. 08807/10 48 oder 92 84 58
www.tourist-info-diessen.de

Tutzinger Förderverein für Tourismus e. V.
Gästeinformation im Vetterlhaus
Leidlstraße 1 · 82327 Tutzing
Tel. 08158/25 88 50
www.tutzing-tourismus.de

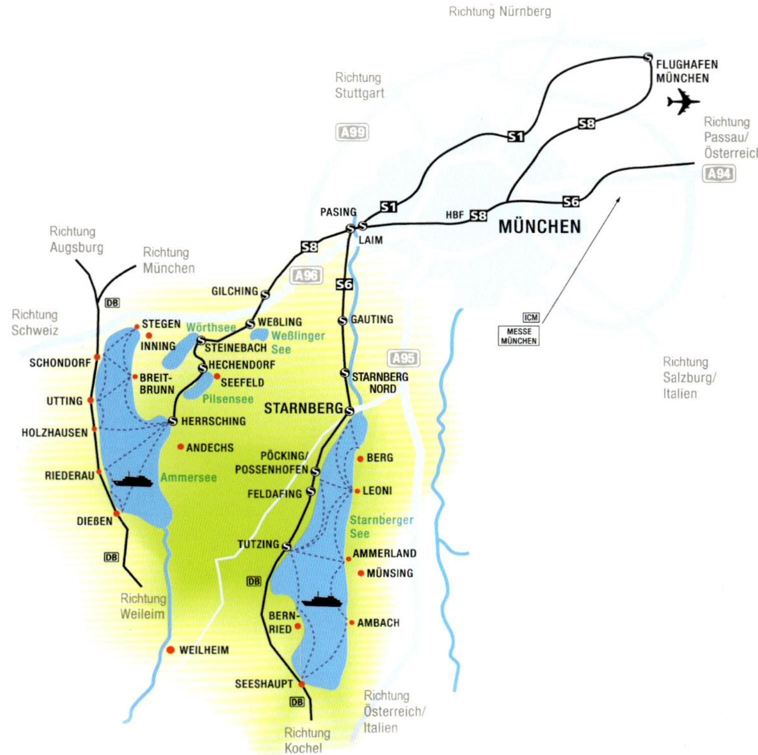